学无涯
行无疆
思无界

南京大学地理与海洋科学学院国际科考报告集

主　编／李　岩
副主编／金晓斌　王　玮

南京大学出版社

图书在版编目（CIP）数据

学无涯　行无疆　思无界：南京大学地理与海洋科学学院国际科考报告集 / 李岩主编. — 南京：南京大学出版社，2021.11

ISBN 978-7-305-22678-6

Ⅰ. ①学… Ⅱ. ①李… Ⅲ. ①地理学－科学考察－考察报告－中国－2019 Ⅳ. ①K90

中国版本图书馆CIP数据核字（2019）第257018号

出版发行	南京大学出版社
社　　址	南京市汉口路22号　邮编 210093
网　　址	http://www.NjupCo.com
出 版 人	金鑫荣
书　　名	学无涯　行无疆　思无界 ——南京大学地理与海洋科学学院国际科考报告集
主　　编	李　岩
责任编辑	荣卫红　　　编辑热线 025-83685720
照　　排	南京紫藤制版印务中心
印　　刷	江苏凤凰数码印务有限公司
开　　本	787 mm×1092 mm　1/16　印张 12.75　字数 249 千
版　　次	2021 年 11 月第 1 版　2021 年 11 月第 1 次印刷
	ISBN 978-7-305-22678-6
定　　价	78.00元

网址：http://www.njupco.com
官方微博：http://weibo.com/njupco
官方微信号：njupress
销售咨询热线：（025）83594756

* 版权所有，侵权必究
* 凡购买南大版图书，如有印装质量问题，请与所购
　图书销售部门联系调换

前言

　　近年来，南京大学在建设"第一个南大""办中国最好的本科教育"的征程中，为强化本科生的创新实践能力、专业实践能力、跨界实践能力和综合实践能力，积极拓展本科生国际学术视野，设立了"本科生国际科考与科研训练项目"。该项目是南京大学构建高水平创新人才培养体系"三三制"2.0 新阶段的重要内容，已成为新时代南京大学打造最完备教育实践环节的重要载体。

　　南京大学"本科生国际科考与科研训练项目"旨在让不同学科背景的本科生在中外高水平教师的联合指导下，以多学科交叉点为主题开展综合性、跨学科、研究性学习实践活动，引导学生结合自身专业在多学科背景下开展研究性学习和早期科研训练，激发学生学术研究志趣，促进学生获得学术"顶峰体验"。

　　南京大学地理与海洋科学学院秉承着培养具有"地理情愫、中国灵魂、世界胸怀"的新时代地理学人才理念，以丰富的国际科研训练项目为载体，推进人才培养从"有涯"的知识学习走向"无涯"的思维训练，从"有疆"的校园课堂走向"无疆"的广阔天地，从"有界"的专业领域走向"无界"的交叉融合。本书主要汇编了 2018 年、2019 年由地理与海洋科学学院牵头组织的 5 个国际科考项目总结报告。所涉及的国际科考与科研训练项目包括中俄贝加尔湖大地学国际科考与科研训练项目、中法阿尔卑斯大地学国际科考与科研训练项目、中美"人类活动—全球变化"交叉学科国际科考与科研训练项目、中加落基山脉大地学国际科考与科研训练项目以及中非发展与文明冲突跨学科国际科考与科研训练项目等。

本书的出版离不开学院鹿化煜院长和李满春书记的关心和支持,是学院全体教职工在全员育人道路上辛勤耕耘和集体智慧的结晶。感谢金晓斌副院长在本科人才培养中的悉心指导,感谢张永战老师、张振克老师、王先彦老师、郑光老师、杨琳老师等主持参与的国际科考项目的大力支持。

希望借此书拓宽本科生的国际地学视界,加强学科交叉,领略地学文化。

目 录

第一篇

第一章　中俄贝加尔湖大地学国际科考与科研训练项目 / 2

第一节　科考行程 / 3

第二节　科考内容（节选）/ 12

第二章　中法阿尔卑斯大地学国际科考与科研训练项目 / 73

第一节　科考行程 / 73

第二节　科考内容 / 79

第三章　中美"人类活动—全球变化"交叉学科国际科考与科研训练项目 / 93

第一节　科考行程 / 94

第二节　科考内容 / 99

第四章　中加落基山脉大地学国际科考与科研训练项目 / 123

第一节　科考行程 / 124

第二节　科考内容 / 129

第五章　中非发展与文明冲突跨学科国际科考

　　　　　与科研训练项目 / 149

第一节　科考行程 / 150

第二节　科考内容 / 152

第二篇

第六章　成果与收获 / 182

　　一、印证课堂书本所学知识，锻炼野外考察所需能力 / 182

　　二、注重学科间交叉融合，培养地理学国际视野 / 183

　　三、认真完善科考成果，潜心孵化后续科研 / 184

　　四、收获跨国校际情谊，促进两国交流合作 / 185

第三篇

第七章　心得与体会 / 188

　　一、科考训练，学生走向科研道路的起步 / 188

　　二、综合科考，跨学科知识融通的关键 / 190

　　三、科考活动，学生增强团队意识的契机 / 191

　　四、国际科考，两国人民友谊的深化与传承 / 192

　　五、异国他乡，祖国始终在身后守护 / 194

　　六、未来的希望 / 195

后记 / 197

第一篇

　　地理学人行走天地之间，寄身山林草野，体察风土人情，穷究人地之理。在探索与发现之中，拓展文明的外延；在碰撞与交融之间，丰富文化的内涵。从博物学、地理学到地理科学，他们记录着沧海桑田、世事变迁，观照着人类发展的真实当下与无限未来。

"读万卷书，行万里路"是地理学的治学特点，也是人才培养的内在要求。南京大学国际科研训练项目已形成学科齐全、地区多样、惠及面广的基本格局。2019年，地理与海洋科学学院牵头组织了"中俄贝加尔湖大地学""中美人类活动—全球变化交叉学科""中非发展与文明冲突跨学科"等5个项目。同时，公开选拔优秀学生参加了"中法阿尔卑斯大地学""中加落基山大地学""中希爱琴海大地学""俄罗斯阿尔泰山脉考古学""中芬赫尔辛基大气与地球系统""莱茵河流域生态环境"等项目，线路涉及北美洲、欧洲和非洲近10个国家。其中，"贝加尔湖"项目由67人组成，规模位居全校18个项目之首。全院共有47名本科生参与，半数以上本科生拥有国际项目经历。

第一章
中俄贝加尔湖大地学国际科考与科研训练项目

中俄贝加尔湖大地学国际科考与科研训练项目（以下简称"贝湖科考"）是南京大学本科生国际科考与科研训练系列项目之一，是南京大学最早的本科生国际化野外实践教学活动之一，已成为南京大学本科生国际科考的品牌项目。科考活动境外合作院校为俄罗斯伊尔库茨克国立理工大学（Irkutsk National Research Technical University，以下简称INRTU），是贝湖科考项目团队赴俄罗斯贝加尔湖地区进行野外科考的境外邀请单位。

2006—2009年，在"985工程"二期支持下，南京大学曾与INRTU合作，利用暑期学校时间，连续4年组织地学相关院系128名本科生及17位教师进行了中俄贝加尔湖联合科考，是南京大学本科生国际科考的先驱，成为探索国际化人才培养之路的有益尝试。2018年是南京大学与INRTU联合开展第二期贝加尔湖科考实践教学的首年，受到双方学校领导高度重视。从贝湖科考项目申请经学校评审获批到科考教师团队的组建及科考活动工作计划获批，再到学生的遴选并最终完成贝湖科考团队组建历时整整四个月。

地学现场教学实践基地内容的典型性和丰富度，是决定野外教学效果的重要因素。贝加尔湖位于东西伯利亚高原，是欧亚大陆腹地正在张裂的贝加尔裂谷的核心区。早古生代的弧陆碰撞，使得外贝加尔海关闭，西伯利亚板块边缘形成了长达数百公里的地缝合线。新生代这一缝合带活化，持续张裂，充水形成了世界最深的淡水湖——贝加尔湖。这里是大陆向大洋转化的初期阶段，地学现象鲜活而丰富，组成了一本在世界上其他地区难以见到的生动的地质地理"教科书"。这正是选择这一地区进行本科生国际科考的重要原因。

图 1.1　贝湖科考 LOGO　　　　图 1.2　贝湖科考微信公众号

◆ 第一节　科考行程

2018 年度的贝湖科考自 3 月工作计划获批开始，于 2019 年 5 月校庆结束，整体工作划分为前期准备、境外科考、后期研究与成果发布和收尾四个阶段。

（一）前期准备阶段：2018 年 3 月—7 月 22 日

由前期准备（5 月 19 日—6 月 23 日）和行前准备（7 月 14 日—22 日）构成。前期准备主要完成队伍建设；安排"贝加尔湖大讲堂"系列讲座，邀请专家进行基础与专业知识培训；组织"贝加尔湖科学报告会"，由团队教师及贝湖科考老团员进行贝湖实习区背景知识介绍与俄语会话培训；组建学术、宣传、技术、后勤保障等功能小组，整理第一阶段 4 年科考资料与素材，指导学习组和技术组，建立数据库团队共享平台；落实国际机票，办理出国审批与护照及返签等手续。同时，与俄方协商，以函签方式续签原有的两校合作协议，两院签订今年的科考具体协议，初步商定野外科考详细行程计划。

贝加尔湖科学报告会 2 次

第一次：团队指导教师介绍自己的研究心得（5 月 19 日）。

第二次：老队员发表研究成果（6 月 2 日）。黄周传（2006 地科）和杨康（2007 地海）报告研究论文。

图 1.3 准备阶段的贝加尔湖大讲堂　　　　图 1.4 准备阶段的贝加尔湖科学报告会

贝加尔湖大讲堂 4 讲

第一讲杨达源教授：新构造运动的地貌分析（6 月 9 日）

第二讲柳燕副教授：俄罗斯的社会与文化（6 月 9 日）

第三讲吴昌志教授：地壳三大岩的恩怨情仇（6 月 16 日）

第四讲朱文斌教授：西伯利亚板块运动与贝加尔湖形成（6 月 23 日）

收集 2006—2009 年贝湖科考老团员的信息，进行跟踪。根据老团员本科在校期间对贝湖科考进行后期研究工作所形成的科研训练成果，编撰了论文集《2006—2009 贝加尔湖综合科学考察论文集》，既是对第一期工作的总结，也成为本年度科考学生的重要参考材料。

行前准备 9 天时间，经多次交流与讨论，逐步明确科学问题，组建科考研究小组，落实相应的野外初步计划、设备准备与操作培训，并进行初步的立项报告；与中学生家长沟通，办理委托监护人公证材料及委托书；团队与个人用品准备，进行出国前的安全培训，完成签证申请手续。

（二）境外科考阶段：2018 年 7 月 23 日—8 月 10 日

烟波浩瀚，贝加尔湖劈地孕洋纳千河百川藏奥秘。

学海无涯，南大学子跨国出境行高山远路求真知。

2018年7月23日上午9:00，贝湖科考团从南京大学仙林校区出发，于7月24日凌晨1:20在细雨中降落在俄罗斯伊尔库茨克国际机场。3:00科考团与专程来接机的 L. Auzina 副教授和 V. Ruposov 副教授热情拥抱。时隔9年，南京大学与INRTU终于克服各种困难，实现了第二次握手。上午10:00，INRTU举行了隆重的欢迎仪式。校长 M. Kornyakov、副校长 D. Savkin、地下资源管理学院院长 A. Shevchenko，以及应邀前来的中国驻伊尔库茨克总领事馆张晓东领事和李庆伟领事发表热情洋溢的讲话，为南大和伊技大的第二轮教学合作拉开序幕。

主席台左起：D. Savkin、M. Kornyakov、A. Shevchenko、张晓东、李庆伟
图 1.5 开幕式的主席台

图 1.6 开幕式主席台下的南大师生

7月25日—8月3日，科考团驻扎在贝加尔湖湖畔的海鸥宾馆营地，对滨奥利洪地区进行科学考察。滨奥利洪地区在早古生代经历了强烈的挤压，在新生代转而受拉张环境的影响，成为贝加尔裂谷新构造运动表现最强烈的地区，它是在白垩—古近纪夷平面基础上发育起来的，受到两条北东向断裂（滨海断裂、奥利洪断裂）控制，同时北西向发育了次级断裂。与之相伴，重力、寒冻风化、冻融、河流、湖滨、风力、喀斯特等外动力作用迅速响应，内外营力作用过程与结果表现突出。

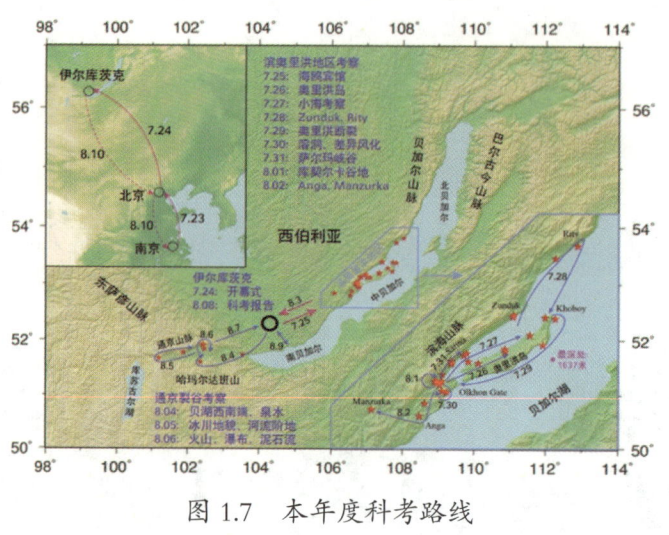

图 1.7　本年度科考路线

8月4—7日，西行500多公里，科考团对贝加尔裂谷带西南端的通京裂谷盆地进行野外考察。通京裂谷包含了东西向分布的六个构造干盆地，从贝加尔湖西南端向西延伸到蒙古的库苏古尔湖，全长200 km，地面高程由东向西从600 m逐渐增加到3000 m。在该地区，科考团先后考察了通京山脉冰川地貌与冰碛沉积、伊尔库特河多级河流阶地、呼兰霍博克新生代火山、肯卡尔河溯源侵蚀与裂点瀑布，以及多种深度涌出的温度与矿物质含量各异的温度。2014年6月28日，通京盆地发生了一次大型泥石流，此次科考团有幸实地考察了这次现代的泥石流沉积。

图 1.8　考察呼兰霍博克火山

图1.9 考察现代泥石流沉积

8月7日，返回伊尔库茨克。8月8日上午10:00，在INRTU新落成的教学实验中心报告厅举行科考闭幕式和科学报告会，7个小组进行科考汇报与后期科研项目的开题报告。A. Shevchenko院长和INRTU外办E. Arbatskaya主任亲临闭幕式，祝贺南—伊两校又一次成功地合作，并表达了增进两校友谊和扩大人才培养与推进合作研究的意愿。当晚，INRTU举行隆重的宴会欢送南大师生回国。

图1.10 科考汇报与科研项目开题报告现场 　　图1.11 科考团在INRTU正门前合影

图 1.12　R. Lobatskaya 院士致祝酒辞 　　　　图 1.13　科考团登上奥利洪岛考察

　　8月9日，科考团考察了贝加尔湖目前唯一的出流河——安加拉河口，告别贝加尔湖，参观贝加尔湖博物馆，顺访了塔利奇木屋博物馆。当天子夜时分，在突然而至的阵雨中，带着满满的科考成果和沉重的心情步入了伊尔库茨克国际机场候机厅。8月10日3：00乘海航班机离开了伊尔库茨克，清晨6：00抵达首都机场，下午6：00安全返回仙林校区，结束了野外科考。

　　2018年8月10日下午6：00，载着40名南大师生的大巴车顺利抵达南京大学仙林校区，宣告2018年贝湖科考结束野外考察，安全返回学校。本年度贝加尔湖科考自4月底组建团队以来，历时100多天，历经重重困难，在南京大学相关部门的全力支持、中俄教师团队和全体同学的共同努力下，科考团终于跨越几千里，最终抵达贝加尔湖畔。在这个天然实验室里，科考团每天早出晚归，总行程逾万里，完整地记录了贝加尔湖畔典型的地质、地理和生物现象，圆满地完成了本年度的科学考察任务。

图 1.14　贝湖科考团出发前合影

图 1.15　留在贝加尔湖上的 NJU

图 1.16　中俄贝加尔湖大地学国际科考与科研训练项目

（三）后期研究与成果发布阶段：2018 年 8 月 18 日—12 月 30 日

主要包括科研训练项目的执行、多种形式进行科考成果的发布、财务结算与报销、中期汇报与结题报告，以及贝加尔科普周等。

科考结束，科研训练项目持续进行，目前已申报大学生创新训练项目 5 项；现阶段已完成的科考成果主要包括科考纪实大型橱窗展、科考报告集编制、宣传视频制作、心得体会后记集编制等；已完成科考相关活动的财务汇总和结算，完成了财务审批和报销手续。参加了学校组织的国际科考与科研训练项目总结交流活动，进行口头报告；参加了学校组织的实践教学活动交流会，口头报告进行经验分享与交流。

组织进行了贝加尔科普周（11 月 14 日—23 日），邀请伊理工大 R. Lobatskaya 院士与 L. Auzina 副教授于 11 月 14 日至 20 日访问我校，代表科考团俄方教师团队参加科普周系列活动，为这项活动增添了悦目的色彩。贝加尔科普周系列活动主要包括活动橱窗展、贝加尔湖摄影作品展与优秀摄影作品评选、两场 4 个学生科普报告会、悦读书社讲座"贝加尔湖中的起源密码"等系列活动，11 月 23 日晚以地理与海洋科学学院张捷教授题为"绿水青山与生态文明建设"的科学报告闭幕。

图 1.17　2018 年贝加尔湖科考报告汇编

图 1.18　贝加尔湖科考后记

图 1.19　贝湖科考团俄方负责人 L. Auzina 副教授为"贝加尔科普周"开幕式致辞

图 1.20　R. Lobatskaya 院士参观"贝加尔科普周系列活动展"大型橱窗

此次两位专家应邀来访，短短的一周时间，高效地进行了一系列的合作交流。主要包括：（1）做了 3 个学术报告，并对 4 个学生两个半天的科普报告进行指导与点评，既是对我校 2018 年贝湖科考项目联合科考的小结，亦是对 2019 年两校将继续共同进行的联合科考活动的有力宣传；（2）与我校教师团队研讨商定了 2019 年贝湖联合科考框架与野外教学初步计划；（3）商定共同指导的本科生后续的创新训练项目成果，参加 2019 年 4 月俄方组织的国际会议；（4）进行了南京及长三角地区火山、直立人遗址与温泉、喀斯特洞穴、海岸与河口地貌等考察，在初步了解我校地学传统实习地点与特点的基础上，研商优化贝湖科考点与路线，并协商组织俄方学生来我校进行野外科考的可能与计划；（5）为其校长与副校长代表团于 11 月 20 日访问我校进行先期工作。

左一为 R. Lobatskaya 院士，左二为 L. Auzina 副教授

图 1.21　两位专家参加科普报告会并做点评

图 1.22　R. Lobatskaya 院士为"贝加尔科普周"做科学报告

在两校贝湖联合科考教学实践活动的基础上，11 月 20 日 INRTU 校长 M. Kornyakov 博士与副校长 D. Savkin 博士率矿业测绘系系主任 A. Okhotin 教授、传媒中心主任 N. Kuganskaya 博士及校长秘书夏爽博及与先期而来的两位俄方专家一行 7 人对我校进行正式访问。我校吕建校长会见了俄方代表团，王志林副校长陪同。双方商定进一步加强合作，继续推进贝湖联合科考项目，着力培养更多高水平国际化地学人才，同时加强双创领域的合作。

图 1.23　吕建校长会见伊理工大 M. Kornyakov 校长代表团

图 1.24　张永战副教授应邀为"悦读书社"做讲座

（四）收尾阶段：2019 年 2—5 月

于 2019 年校庆期间，组织 2018 年度贝湖科考成果报告会，亦作为 2019 年度贝湖科考活动的开始。同时，围绕相关创新训练项目预期成果，编制《2018 年贝加尔湖综合科考论文集》，整理研究成果，组织发表；编写并争取出版《贝加尔湖实习指导书》。

◆ 第二节 科考内容（节选）

（一）萨尔玛谷口扇形成机制初探
——基于萨尔玛、松杜克和瑞替谷口扇的对比

1. 背景

贝加尔湖是地球上最古老（25 Ma B.P.）、最深（1637 m）和最大（23000 km³）的淡水湖，其淡水量占全球淡水总量的20%[1]。

贝加尔裂谷带是世界第二大大陆裂谷带，其长度可达2500 km，现被确定为萨扬—贝加尔褶皱带和西伯利亚地台的边界。其主要构造成型要素（奥利洪和滨海断裂）呈NE-SW走向，较小的破裂呈NW-SE走向（图1.25），大部分情况下这种断裂控制着负地形的形成[1]。

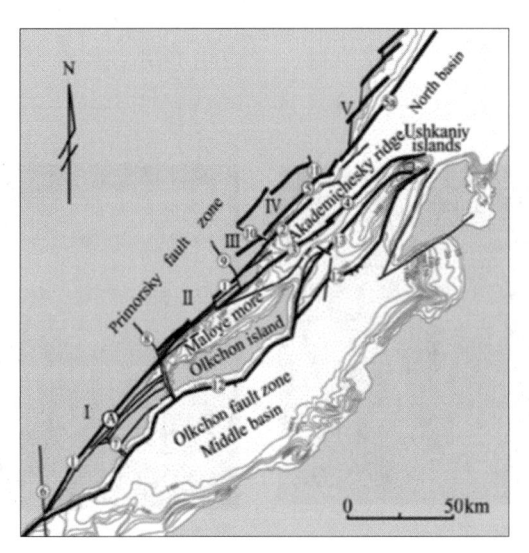

图1.25 滨海和奥利洪断裂带构造[2]

本节所要对比的三个谷口扇——萨尔玛、松杜克和瑞替的形成，正是由NE-SW走向和NW-SE走向两个方向的断裂所控制的（图1.26）：NE-SW走向的滨海断裂造成滨奥利洪高原的下沉和滨海山脉的抬升，使得滨海山脉机械风化加剧，为谷口扇的形成提供物质来源；NW-SE走向的小断裂切开山脉形成谷口，为风化的物质碎屑搬运提供通道；二者的共同作用使得谷口外有大量物质堆积，形成谷口扇。

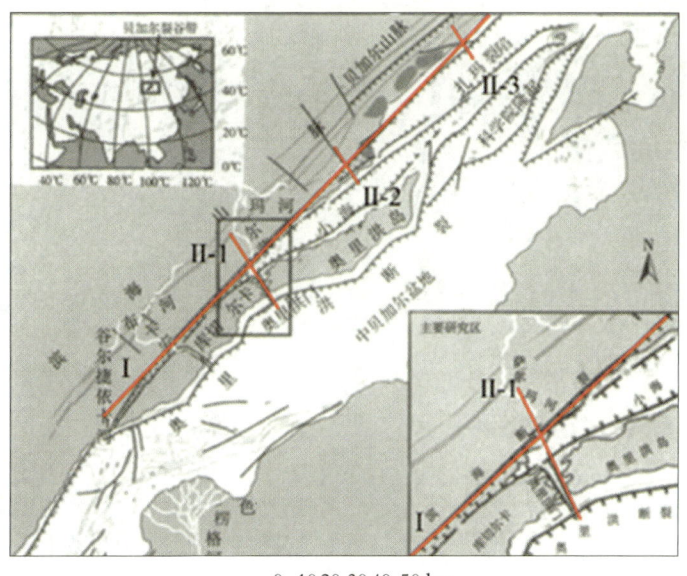

Ⅰ：滨海断裂；Ⅱ-1：萨尔玛断裂；Ⅱ-2：松杜克断裂；Ⅱ-3：瑞替断裂

图 1.26　研究区主要断裂构造（据文献[3]修改）

2. 萨尔玛、松杜克和瑞替谷口扇的对比分析

萨尔玛、松杜克和瑞替谷口扇的谷歌地球影像如图 1.27 所示。

在野外考察的基础上，我们从以下几个方面对萨尔玛、松杜克和瑞替谷口扇进行了对比（表 1–1）。

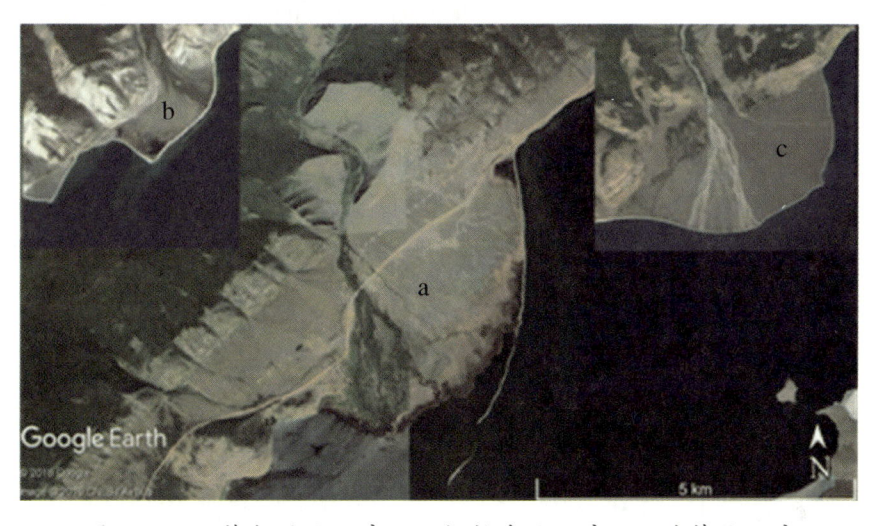

图 1.27　a. 萨尔玛谷口扇；b. 松杜克谷口扇；c. 瑞替谷口扇

表 1-1 三个谷口扇的对比

谷口扇	萨尔玛	松杜克	瑞替
面积	16 km²	1.5 km²	6 km²
形状	较规则，SW 向半径大于 NE 向半径	不规则，SW 向突出	较规则
分带性	好，总体向扇缘颗粒变细，上扇颗粒大小混杂	好，整体向扇缘颗粒变细，上扇颗粒大小混杂	差，颗粒大小混杂
河道位置	古河道位于 NE 侧，现河道位于 SW 侧	古河道位于 SW 侧，现河道位于 NE 侧	古河道位于 NE 侧，现河道位于 SW 侧
河道特征	古河道附近多无树木，现河道水分较足、附近植被茂盛	古河道附近多有树木，现河道水分较足、附近植被茂盛	古河道附近多无树木，现河道干涸、附近植被稀疏
沙坝	NE 端为沿岸砾质沙坝，向 SW 延伸逐渐离岸	沿岸砾质沙坝	沿岸砾质沙坝
潟湖	发育	发育	不发育
三角洲	发育	不发育	不发育

（1）三个谷口扇从大到小依次为萨尔玛、瑞替、松杜克，然而，从西南向东北，滨海断裂的断距增加[2]、相应高程差增大、机械风化加剧、产生的物质碎屑增多，谷口扇理应愈来愈大，而事实上萨尔玛谷口扇却反常地成为最大的谷口扇。我们分析：一方面，从西南向东北，断距增加导致水深增大，从而暴露于水面之上的堆积物未必多；另一方面，萨尔玛断裂的长度远大于另两个断裂，导致山谷长度增加，从而物质来源增多（山谷长度与谷口扇大小的关系，观察贝加尔湖西岸其余谷口扇也大致能得以验证）。此外，强劲的萨尔玛风或许为萨尔玛谷口扇提供了更多的碎屑物质。

（2）萨尔玛和松杜克谷口扇的分带性皆较明显，而瑞替谷口扇的分带性极不明显，我们分析：一方面，由于瑞替为贝加尔湖地区最干旱的谷地，其沉积作用多为季节性洪水、泥石流和砾质辫状河等，水流流速急、短距离内水动力条件变化不明显；另一方面，瑞替地区由于滨海断裂断距增加而导致的水深增大，也使得物质快速沉积，无法在更远的地方沉积较细的颗粒。瑞替地区较干旱的特点，也体现在古河道附近多无树木、现河道附近植被稀疏、现河道干涸（季节性流水或地下河）及不发育潟湖等方面。

（3）松杜克谷口扇的 SW 端极为突出，且 SW 侧有线状树木分布似为古河道，而现河道位于 NE 侧；与之相对的，萨尔玛和瑞替的古河道位于 NE 侧而现河道位于 SW 侧。

从构造上分析，滨海断裂具有左旋的性质，谷口扇上的河道应当向 SW 迁移，而松杜克出现反常情况。我们分析：一方面，观察松杜克周围的谷口扇，发现也有 SW 端尖锐突出的特点（图 1.28），因此推测与此处湖水作用有关；另一方面，松杜克谷口扇 SW 侧的线状树木分布或许并非古河道，而是地下河，即松杜克的河道仍在 NE 侧而未发生迁移。

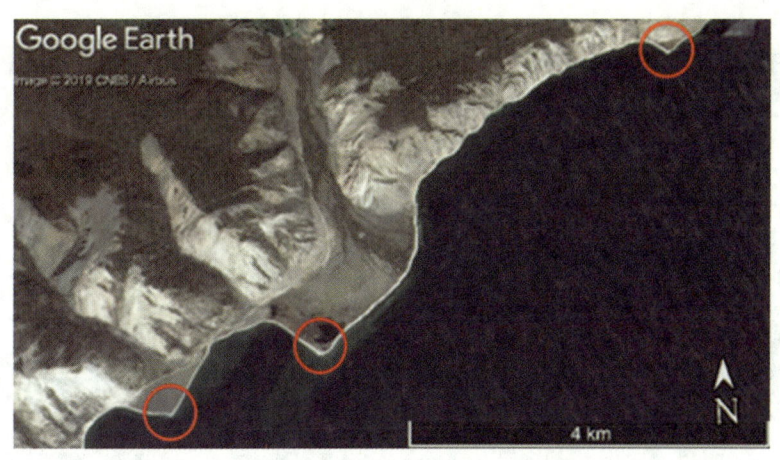

图 1.28　松杜克及周围谷口扇

（4）萨尔玛谷口扇 SE 方向发育有离岸沙坝而另两个谷口扇仅有沿岸沙坝，萨尔玛谷口扇现河口发育三角洲而另两个谷口扇不发育。我们分析：离岸沙坝的发育，一方面是因为滨海断裂在萨尔玛地区的断距较小，另一方面是因为萨尔玛山谷较长，两者共同导致萨尔玛地区近岸处水深较浅，从而易于发育沙坝。河口三角洲的发育，一方面是由于近岸处水深较浅，另一方面是由于物质供应较充足，从而易于形成稳定的三角洲。

3. 初步结论

基于前期遥感数据工作（图 1.29）、野外考察和以上对比分析，我们初步推断萨尔玛谷口扇的形成机制：滨海断裂从中新世开始发育[2]，导致了滨海山脉的抬升和滨奥利洪高原的下沉；后来形成的萨尔玛断裂切断了滨海山脉、形成山谷，开始有物质搬运并在谷口堆积，逐渐形成谷口扇。沉积物极为丰富，有重力作用搬运的物质（如坡麓堆积物）、沉积物重力流搬运的物质（如泥石流沉积）以及流体流搬运的物质（如冰川沉积物、冰水沉积物、河流冲积物、风力作用沉积物等）。现河道中有许多磨圆很好的巨大砾石，说明先前的沉积物（如泥石流沉积）又会受到河流作用的改造；而谷口扇上部砾石大小混杂、地形复杂，说明不断有新的泥石流沉积等。此外，较浅的水深和大量的物质供应使得萨尔玛谷口扇面积巨大，河流的水动力条件从而可以逐渐减弱，形成从谷口到扇缘总体上颗粒逐渐变细的良好分带性。

4. 后续工作

野外考察过程中，我们对萨尔玛谷口扇典型的不同部位分别进行了拉样方拍照和取样的工作（图1.29）。对于样方的照片，进行图像畸变校正后，通过边缘检测方法[4]或许可以获得砾石轮廓，从而对粒度数据进行统计，甚至对形状、磨圆度等进行判别；对于样品，则可以通过实验室方法进行测量。得到定量数据后，可进行进一步分析讨论。

图1.29 野外工作成果

■ 参考文献：

［1］Lobatskaya R M，Mats V D，Auzina L I，et al. Field Practice on Baikal[M]. Irkutsk：Publishing House lrSTU，2008.

［2］Mats V D，Lobatskaya R M，Khlystov O M. Evolution of faults in a continental rift：Morphotectonic evidence from the Southwestern Termination of the North Baikal Basin[J]. Earth Science Frontiers，2007，14（1）.

［3］葛荣峰，张庆龙，朱国荣，等. 贝加尔湖滨奥利洪地区新构造特征及其成因模式初探[J]. 江苏地质，2007，31（2）.

［4］段瑞玲，李庆祥，李玉和. 图像边缘检测方法研究综述[J]. 光学技术，2005，31（3）.

（二）贝加尔湖地区锆石物源示踪下的地貌演化过程探究

1. 实习目的

为了解俄罗斯伊尔库兹克市境内贝加尔湖及周边环境的地理形态、地质演化以及人文环境等相关知识；增强地理地质野外实习探究和学习能力；针对贝加尔湖地区的经典地理位置和特殊景观进行地理观察和研究，学习并记录当地地理地质演化过程；并加强团队协作能力和组织纪律性，增进中俄两校深厚友谊和学术交流；等等，学校开展为期两周的中俄贝加尔湖国际科考，围绕贝加尔湖及周遭地理区域进行野外调查研究。

同时团队形成若干小组进行兴趣项目建设。在结合地理、地质以及俄语等多个学科交叉的小组建设后，组内针对贝加尔湖物源示踪展开讨论，并进行相关知识搜集及建设，计划在实习过程中针对既定地理区位进行样品搜集，并进行样品年代测定，结合已有年代数据和相关概念知识进行推理演化过程。

2. 行前准备

2.1 理论准备

首先对实习路线和区域进行大致了解。通过行前讲座和资料收集，了解到实习点位大致分布在贝加尔湖西岸，集中在奥利洪岛及其周遭陆地区域附近。相关资料显示贝加尔湖地区有黄土存在历史，主要存在于贝加尔湖西南角靠近蒙古区域，与实习路线相去甚远，故而不纳入讨论。针对火山岩在实习过程中也没有线性分布，难以形成确切的规律探究。经过讨论，最终决定针对古河道变迁发展产生的物质搬运变化进行路线确定。

已知贝加尔湖有入流河三百多条，而现有的出流河有且仅有安加拉河一条。相关资料显示，在上新世或更新世时期，有一股向北的流出河——古曼祖尔卡河，经过灾难性的滑坡以及洪水等地理过程后携带搬运了贝加尔湖湖泊沉积物，长年累月的地质运动使得古曼祖尔卡河发生偏转和倒流，也使得安加拉河成为贝加尔湖新的出流河。结合前人已有的数据，发现古曼祖尔卡河大致在六万年以前逐渐消退，最后发展成为如今的布谷尔捷依卡河和安加拉河。

2.2 实习路线

实习过程围绕贝加尔湖西岸进行，主要集中在奥利洪岛周围，包括湖上实习共三天，路上实习近一周时间。实习以湖滨小木屋群作为营地，经过奥利洪高原、松度克角、滨海山脉、理想山洞、黑矿村、萨尔玛谷地等典型地理点位，对地貌、微型地貌、植被、地质等角度进行观察，同时进行了各兴趣项目的样品采集和数据测量。

图 1.30　实习区域 Google Earth 卫星图

3. 地理地质概况

3.1 贝加尔裂谷带概况

贝加尔裂谷带位于俄罗斯的东西伯利亚南部，具世界罕见的大陆裂谷构造，大致范围为 50°~58° N，100°~120° E，处于大陆的内部，从东北部的柯达山脉延伸到西南部的东萨彦山脉，绵延约 1500 km。整个裂谷带可大致分为北贝加尔、中贝加尔、南贝加尔和西南端的通京裂谷。贝加尔裂谷带西北紧连西伯利亚克拉通，东南则毗邻萨彦—贝加尔褶皱带。

贝加尔裂谷带因拉张环境而发育众多盆地，其中最深的是中贝加尔盆地，中心部分最大深度可达 1637 m，而平均深度最浅的为北贝加尔盆地。北贝加尔盆地和中贝加尔盆地被水下的科学院山脉横向分隔，该山脉是奥利洪岛的东北延伸，南贝加尔盆地和中贝加尔盆地被色楞格河与布谷里杰伊卡之间湖底的隆起所分隔，湖底隆起则是由色楞格河汇入带来的沉积物所导致。

3.2 实习区概况

本次实习区集中于中贝加尔，即以滨奥利洪为主体的区域。区域内主要包括NE-SW 向的滨海断裂、奥利洪断裂、小海断裂，以及与其相垂直的 NW-SE 向的萨尔玛断裂、松杜克断裂、安卡断裂。

3.2.1 地区演化史

3.2.1.1 早古生代碰撞期

约 550 Ma B.P. 贝加尔裂谷带所在地区经历了大洋闭合期，外贝加尔板块与西伯利亚板块发生碰撞和推覆，使得西伯利亚东缘边界整体闭合，形成缝合线，其缝合线表现为南东向倾斜的断裂，即古滨海断裂。

碰撞过程主要分为三个阶段：阶段一，前寒武纪晚期的洋壳俯冲至岛弧之下（被认为是澳大利亚板块的一部分）；阶段二，推覆继续，右侧大洋关闭，左侧大洋逐渐变窄；阶段三，左侧大洋关闭，两板块发生碰撞，出现右行走滑。

前裂谷期之后的白垩纪—古近纪，在强烈的大陆风化作用下，碰撞带逐渐转变为一个风化剥蚀的夷平面，地表较为平缓，相对高差不大。

3.2.1.2 裂谷扩张期

从渐新世开始，贝加尔裂谷带的演化进入新构造运动阶段，即裂谷扩张期。在扩张过程中，中、南贝加尔盆地发育较早，因而深度也较大，北贝加尔则较为年轻。70～30 Ma B.P.，中贝加尔盆地和南贝加尔盆地填水；30～3.5 Ma B.P.，中、南贝加尔盆地扩大，北贝加尔盆地出现并开始填水，但因山脉隆起，其他小型盆地沉积停滞；3.5～0.55 Ma B.P.，贝加尔湖逐渐成型。

3.2.2 河流发展史

贝加尔湖在 30～3.5 Ma B.P. 接受入流河并逐渐成为大湖。

0.5 Ma B.P. 第一条出流河——古曼祖尔卡河产生，沿谷地流动汇入勒拿河，在约 0.35 Ma B.P. 古曼祖尔卡河由于滨海山脉的抬升而消失，残留部分转变为入流河。此后一直到 0.18 Ma B.P. 贝加尔湖无出流河。

0.18 Ma B.P. 在贝加尔湖西南端出现另一条出流河——古 Kultuchnaya 河，通过汇入叶尼塞河出流。但在 0.12 Ma B.P. 因哈马尔达班山脉的抬升，转变为入流的伊尔库特河。

大致 65 Ka 安加拉河形成，由叶尼塞河汇入北冰洋。

3.2.3 地震史

贝加尔裂谷带构造活动从早古生代开始便未曾停止，因此地震也较为频繁。大型地震的震中最初多在西北地区，之后则逐渐向东南迁移，同时也向裂谷带的西南端和东北端迁移。

其中色楞格河三角洲在 19 世纪末曾发生大地震，对伊尔库茨克造成较大影响，三角洲因此次地震而发育新海湾。

3.2.4 湖水入侵现状

奥利洪门为萨尔玛断裂的一部分，在滨海断裂发育地堑的同时将滨奥利洪高原割裂开，形成现在的奥利洪岛。而随着小海的水向西南入侵，以及安卡地堑的逐步扩张，Tajearan 地块也将脱离滨奥利洪高原，成为第二个奥利洪岛。之后湖水继续沿滨海断裂入侵，Birchin 地块亦会成为第三个奥利洪岛。以上过程预计将在 70000 年之内完成。

3.2.5 岩石

3.2.5.1 沉积岩与沉积构造

（1）火山岩

于布谷里杰伊卡河附近的古曼祖尔卡河古河道沉积物中具由古河流搬运沉积的火山岩，大小不一，磨圆度较好。

（2）斜层理

在古曼祖尔卡河河道沉积剖面具较为明显的斜层理，指示水流动荡的环境。

3.2.5.2 火成岩

（1）花岗岩

花岗岩属于酸性岩浆岩中的侵入岩，多为浅肉红色、浅灰色、灰白色等。具中粗粒、细粒结构、块状构造，也有一些为斑杂构造、球状构造、似片麻状构造等。在实习区常见为基底岩石或侵入的岩脉。

在萨尔玛谷地中具大量环斑花岗岩（Rapakivi Granite），其形成与缝合带上强烈的碰撞推覆作用相关。

3.2.5.3 变质岩

（1）大理岩

大理岩是变质岩的一种，由碳酸盐岩经区域变质作用或接触变质作用形成。主要由方解石或白云石组成，具粒状变晶结构，块状（有时为条带状）构造。大理岩是实习区最为常见的基底岩石，指示该地区广泛的岩石变质作用和构造运动。

在松杜克断裂附近有松杜克岩体，为质地非常好的大理岩，远见有白色、棕色，近看有黄色、淡紫色等。

（2）石英岩

石英岩是一种主要由石英组成的变质岩，一般是由石英砂岩或其他硅质岩经过区域变质作用重结晶而形成的。也可能是在岩浆附近的硅质岩石经过热接触变质作用而形成石英岩。实习区常见围岩中穿插的石英岩岩脉。

（3）片麻岩

片麻岩通常为中—高级变质作用的产物，有暗色与浅色矿物相间呈定向或条带状断续排列的片麻状构造特征，呈变晶结构。主要矿物为石英、长石、角闪石、云母等。为实习区常见的变质岩。

在库契尔卡谷地的走滑断层具有石榴子石、云母、辉石、角闪石、长石的石榴辉石片麻岩，指示该处高温高压的区域变质作用。由其左行性质可以初步判断为新生代的构造。

（4）角闪岩

角闪岩是一种主要由角闪石和斜长石组成的区域变质岩石。岩石中角闪石和斜长石的含量相近或前者稍多于后者，构造有片麻状、条带状或块状。在实习区中常因自身较坚硬，而周围岩石较软弱而形成布丁构造。

（5）糜棱岩

糜棱岩是颗粒很细呈条带状分布的动力变质岩。岩石中大部分矿物不能用肉眼分辨。由原来粗粒岩石受强烈的定向压力破碎成粉末状，再经胶结形成，矿物成分与原岩无多大变化。主要分布在逆断层和平移断层带内。

（6）蓝片岩

即蓝闪石片岩，属高压低温区域变质作用的产物，主要矿物为蓝闪石，一般具有细粒鳞片变晶结构或是纤维变晶结构及片状构造。在萨尔玛谷地北东侧缝合带上可见大量蓝片岩。

3.2.6 地质构造

3.2.6.1 褶皱

（1）向形

库契尔卡谷地中具一向形，其中另可见经过多期变形的复杂褶皱，指示该地经历了多次不同的构造运动。

（2）背形

在理想溶洞附近的山上有一背形褶皱，其核部为片麻岩，翼部为大理岩。

（3）平卧褶皱

在理想溶洞附近的山上具一平卧褶皱，轴面近水平。

3.2.6.2 断层

（1）正断层

奥利洪断裂带，可见多个近平行的断层面，均为正断层。水下部分断层倾角逐渐变小，最终近水平，称为铲式断层，为新构造。

库契尔卡谷地两侧均为正断层，其中一侧属重新被活化的滨海断裂，两侧断层使得谷地处因成为地堑而下陷，是本地区的新构造。其表现为：山脉与平原相接，二者存在截然的界面；可在山脉一侧观察到断层三角面；另一侧则可在较平的断面上观察到擦痕；可见古滨海断裂的残留，现为一高角度正断层。

同为正断层，奥利洪断裂规模大于滨海断裂，两断裂皆为铲式。奥利洪断裂大部分在水下，两断裂在深度 15～20 km 的水下相会成一近水平的拆离层。湖东岸也是类似的情况，但两岸不对称，共同构成了典型的裂谷结构。

（2）逆断层

在小海海湾南端小型盆地具有小于 25° 倾角的逆掩断层，指示约 550 Ma B.P. 碰撞时的推覆过程。

在 Barakchin 岛上具一推覆构造残余的飞来峰，指示早古生代开始的碰撞推覆，并由逆冲断层演变。

（3）平移断层

库契尔卡谷地中具一个左行走滑断层，具体可从其近垂直正断层的性质以及擦痕方向来判断。

3.2.6.3 其他

（1）布丁构造

布丁构造是在不同性质的岩石相间成层、互相之间具有明显韧性差的条件下，受到垂直方向的挤压或顺层方向的拉伸而形成的一种构造。软弱岩层被压向两侧塑性流动，夹在其中的强硬岩层不易塑性变形而被拉断，构成平面上呈平行排列的长条状块段。

Barakchin 岛具大量花岗岩中的角闪岩布丁构造，角闪岩被牵涉进变形之中。

三兄弟石附近具大理岩中的角闪岩布丁构造。

3.2.7 外动力地质作用

3.2.7.1 海洋外动力地质作用

（1）海蚀穴

海蚀穴指在海岸线附近出现的凹槽。海蚀作用首先发生在海面与陆地接触的地方，由于激浪的掏蚀或海水的溶蚀，海岸形成了凹槽，可以作为古海面高度的标志。

Barakchin 岛湖岸具多个高度不同的海蚀穴，指示此地块的抬升。

胡日尔村边的湖滩亦具高于湖面的海蚀穴，指示奥利洪岛的抬升。

（2）卵石湖滩

Barakchin 岛湖边为一卵石湖滩，除部分本地原岩外，大多为从贝加尔各处由湖水侵蚀、搬运至此地。

（3）沙滩

岛上具罕见的紫红色沙滩，为含石榴子石的沙，是岩石受风化搬运的结果。较重的石榴子石靠近湖，而较轻的石英、长石搬运较远，远离湖岸。

（4）沙丘

岛上可见一大型沙丘群。

3.2.7.2 风化作用

（1）风化地貌

在小海海湾南端小型盆地观察到独特的风化地貌，差异风化导致盆地四周高低不齐。

（2）风化壳

位于胡日尔村边的湖滩可见大型风化壳。风化后岩石的颜色指示包含温度、湿度在内的气候条件。红色黏土指示 70 ~ 30 Ma B.P. 湿润、温暖的气候，当时氧气含量高，故而铁的含量亦较高；白色高岭土指示之后的温度下降，形成类似如今的地中海气候。

4. 样品采集

小组在三个点分别采集了样品，三个点分别是古曼祖尔卡河道、布谷尔捷依卡河以及安加拉河，共五组。

4.1 古曼祖尔卡河

古曼祖尔卡河是贝加尔湖曾经的出流河，也是贝加尔湖第一条出流河。在 2 Ma B.P. 到 3 Ma B.P. 之前，当地由于上升运动形成了垂直崩落物，直到 35 万年以前，这一过程才得以停止。抬升最快的是滨海山脉，抬升后导致早期的贝加尔板块被切开，形成了一条水隙。这条水隙便顺着布谷尔捷依卡河连接着贝加尔湖。

古曼祖尔卡河抬升断裂后形成了一条分水岭，分水岭导致水隙一分为二。由于水从高处往低处走，连接着贝加尔湖的一段水隙则反向流向贝加尔湖；另一端断裂河则顺着原有轨迹流动，但是源头则变成了新的河口，故称之为断头河。

古曼祖尔卡河在贝加尔地区很长一段时间内都没有发生过出流，这一种累积方式也导致其水位上升了 120 ~ 130 m。比如在乌什干夹角有壶石穴，当地的阶地记录了曾经的历史水位，这也是由于河漫滩抬升和河水下切作用形成。在 18 万年前的古曼祖尔卡河道处，流域已经发展。贝加尔湖东南岸往伊尔库特河运动，旁边附近的山脉也因此得以抬升，直至 6 万年以前运动至古伊尔库特河处，最后便发展成为布谷尔捷依卡河和安加拉河。

据了解，古曼祖尔卡河河水流速曾经达到 1.3 ~ 1.7 m/s，而安加拉河水流速达到 1.2 m/s。相关资料显示贝加尔湖的形成经过了 8 Ma B.P. 以上的变迁：7 Ma B.P. 时刻发生裂谷扩张，5 Ma B.P. 时刻扩张速度急剧变缓，2.5 Ma B.P. 与亚洲风尘运输和气候有关，而到了 0.1 Ma B.P. 时则可能与冰川反弹带来的山地侵蚀有关。在贝加尔湖变化的这些时间点上，小组猜想这条贝加尔湖曾经唯一的出流河——古曼祖尔卡河是否能提供一些证据。

采样过程中来到古曼祖尔卡河道处，小组共选取两个采样点：一个是河道所在上剖面，一个是河道旁已有剖面。在清理表层枯枝落叶层后从上往下以 5 cm 为间隔采取一个样品，每个剖面共采取至少 7 个样品。

4.2 布谷尔捷依卡河

已知贝加尔湖水以逆时针环流至布谷尔捷依卡河，根据周围基岩性质不同以及水的横向环流的规律，水环流后最终抵达布谷尔捷依卡河并形成河流堆积。从构造上看，滨海断裂和奥利洪断裂在布谷尔捷依卡断裂处交汇。随着强烈的地质活动演化趋势，布谷尔捷依卡断裂可能会有加深的趋势，这也会导致该河流走向发生变化，河流沉积物也将发生变化。

采样过程中来到布谷尔捷依卡河岸，在大致清理表层明显砾石和其余物质后，在河岸边缘从上往下采取约 7 cm 厚的河道沉积物。

4.3 安加拉河

安加拉河是流出贝加尔湖的最大河流。安加拉河处于抬升地堑，包含两个正断层和一个下降层。小组在左岸进行观察，面对右岸。河流冲击后形成的冲积物分布在下降盘的倾斜面。贝加尔湖的水流冲击流向至 8 km 长的断层，随着时间演化此处将充满水资源。观察到在曲流河岸上分布有草甸、灌木丛、草地和牧场。典型露头是成堆的小山丘，分布在河岸的堆积物主要是风化堆积物、坡路堆积和洪冲积物，还有一些沉降沉积物和沉降残余侵蚀。

采样过程中来到安加拉河河岸处。清除掉表面的明显砾石和其余物质后，选取两个间隔近 1 m 的点位进行采样，从表层往下采大致 7 cm 厚度的河道沉积物。

5. 项目探究

针对已有的样品和资料，小组准备结合已有的河道沉积数据进行总结，在此基础上将获得的样品进行年代分析。样品共分为古河道剖面和现代河道沉积物两种类型，针对两种不同类型的样品，还需要进行年代分析的学习。

5.1 区域现有进展

5.1.1 地震活动研究

Klyuchevskii 和 Kakourova 在 2019 年展开了题为《贝加尔裂谷带岩石圈迁移地震活动研究》的区域研究。研究者使用了 1964 年至 2013 年贝加尔地区记录的 52700 次代表能量等级 $kP \geq 8$ 的地震数据，建立了贝加尔裂谷带岩石圈中准线性地震链（m=2143）的时空和能量分布的基本规律。最后研究表明，地震事件主要集中在 NE-SW 向带上。西伯利亚地区几乎没有地震，而跨贝加尔海地区的地震活动特征明显，呈弱地震。

图1.31　古曼祖尔卡河道采样

5.1.2 古气候记录

Karabanov 等在 1997 年进行了关于建立贝加尔湖更新世—全新世古气候记录的调查。研究大陆内部的古气候历史，对于了解中亚大陆对造山系统的轨道强迫和构造抬升的响应具有重要意义。根据贝加尔湖（西伯利亚南部）沉积岩芯的生物硅和硅藻古气候记录，研究者提出了新的古气候结果。贝加尔湖记录与海洋同位素记录的对比显示，两者的一致性很好，峰值形状惊人地相似。然而，除了贝加尔湖蛋白石记录与海洋氧同位素记录具有良好的相关性外，贝加尔湖记录还存在许多重要的差异，反映了中亚大陆气候对轨道强迫响应的特殊性。

另外，Todd 等在 2003 年也进一步研究了贝加尔湖冰盖的大规模气候控制。贝加尔湖冰盖是大陆尺度冬季气候的有力标志。研究表明，在高（低）冰期和冰层厚度年内，西伯利亚北部和北极地区出现了显著的正（负）700 百帕位势高度异常，而中东亚和南欧地区则出现了负（正）异常。这一结构导致了东西伯利亚地区在高（低）冰期和厚度年内东北（西南）冷（暖）温平流的异常经向流型。同时证明了贝加尔湖冰盖与前一个冬季的太平洋—北美格局之间也存在显著的相关性。贝加尔湖冰盖变化的组成与北半球气候变化模式无关，与西伯利亚高压的位置和强度有关。

Tarasov 等在 2005 年也做了题为《基于俄罗斯贝加尔湖花粉记录的末次间冰期植被与气候定量重建》的研究，重建了当地最冷、最暖月份的平均气温、年降水量和水分指数的变化，也进一步加强了关于西伯利亚地区的古气候重建。

5.2 项目—物源探究

结合现有资料和数据显示,贝加尔湖地区是众多地理地质学家热衷于探索的地区,在这里已经获得了足够成熟和相对较为完善的气候、地震活动等研究数据。然而对贝加尔湖区域物源的探究则成为相对较薄弱的一方面。从这一角度入手,在结合已有地貌了解的基础上,选取古河道——古曼祖尔卡河河道以及两条现代河——安加拉河以及布谷尔捷依卡河作为三处研究点,分别采取14、2、1个样品,拟通过U-Pb锆石测年方法对所选剖面样品进行测量,建立年代曲线,推断当地地貌形成过程。样品首先经过两周的前处理中的重矿分离步骤:首先将所有待测样品放入烘箱进行干燥碾碎;然后再通过500 μm和32 μm不锈钢筛进行分选;再将32 μm至500 μm之间的样品进行过滤,除去表面剩余杂质;烘干后加入重液后经过一系列步骤分离出重矿,获得最终待测样品。将最终待测样品在显微镜下进行挑选,每个样品选出300~500颗锆石进行测量。目前正处于数据测量过程中。

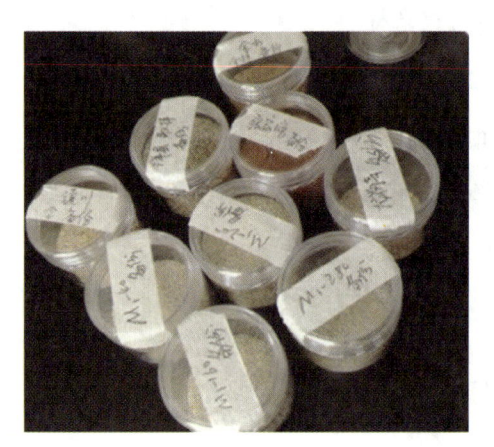

图1.32　部分样品　　　　　　　　图1.33　过滤

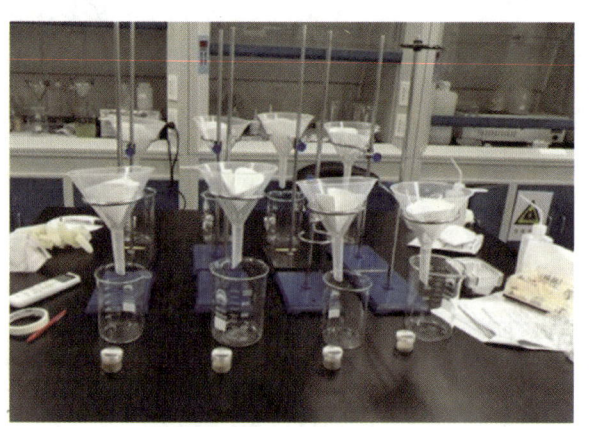

图1.34　过筛　　　　　　　　图1.35　前处理操作中

6. 总结

我们在整个实习过程中了解了关于贝加尔湖当地地理演化和地质构造的相关知识，对贝加尔湖及相关河流和山脉的年代历史变化也有了一定的加深了解。实习过程中也进行了兴趣项目的学习，行前准备和采样过程中都遇到了一定的技术问题，而对于后期年代分析工作也有一定的障碍。所欠缺的除了相关专业技术知识之外，还有实际操作的熟练度和准确度。需要补充的知识主要集中在已有资料的年代整理和演化推理，希望在后期过程中能有所进益。同时也感谢各位老师和同学的指导与帮助！

■ 参考文献：

[1] 张瀚之，鹿化煜，弋双文，等. 中国北方沙漠/沙地锆石形态特征及其对物源的指示[J]. 第四纪研究，2013，33（2）.

[2] 王冠，王平，王田野，等. 1900年以来贝加尔湖水位变化及其原因分析[J]. 资源科学，2018，40（11）.

[3] Ivanov A V，Demonterova E I，Reznitskii L Z，et al. Catastrophic outburst and tsunami flooding of Lake Baikal：U–Pb detrital zircon provenance study of the Palaeo-Manzurkamegaflood sediments[J]. International Geology Review，2016，58（14）.

[4] Mats V D. Comment on catastrophic outburst and tsunami of Lake Baikal：U-Pb detrital zircon provenance study of the Palaeo-Manzurkamegaflood sediments by A.V. Ivanov，E.I. Demonterova，L.Z. Reznitskii，I.G. Barash，S.G. Arzhannikov，A.V. Arzhannikova，C.-H. Hung，S.-L. Chung，and Y. Iizuka[J]. International Geology Review，2016，58（14）.

[5] Ivanov A V，Demonterova E I. Tectonics of the Baikal rift deduced from volcanism and sedimentation：A review oriented to the Baikal and Hovsgol Lake Systems[J]. Progress in Molecular and Subcellular Biology，2009，47.

（三）贝加尔湖区域水体的化学成分差异

1. 科考观测内容

1.1 贝加尔湖流域水环境背景

贝加尔湖位于俄罗斯布里亚特共和国和伊尔库茨克州境内，水域面积 31500 km^2，平均湖深 730 m[1]，是世界上蓄水量最大、深度最深的淡水湖。其周边地区主要属大陆性气候，同时因为湖水影响呈现出海洋性气候的特征。

水在贝加尔湖地区的自然演化中有非常重要而独特的作用。贝加尔湖共有 336 条入流河与 1 条出流河，出流河即安加拉河。色楞格河、上安加拉河和巴尔古津河是贝加尔湖入流量最大的三条入流河，它们的流域大多分布在贝加尔湖东南侧的广大地区。同时，在该地区，水分的制约同样影响了植被、土壤等当地的微地貌。

1.2 点位内容

在整个科考训练过程中，我们共记录了 30 个点位，而水在其中 18 个点位都扮演了非常重要的角色。水在遭受构造活动和气候变化影响的同时，也反作用于植被、土壤、冻土、地形等。

在 7 月 12 日到 14 日的湖上科考行程中，我们在胡日尔村岸外的小海中，容杜克岬角与瑞特岬角之间，霍波伊岬角，大贝加尔湖在奥利洪岛的近岸处选择了四个取水点位。每一个点位我们从 30 m、15 m、0.5 m 三个不同深度对贝加尔湖湖水进行了采集，并且对表层水的酸碱度、电导率、矿化度、温度进行了测量。在收放采水器的过程中，我们小组受到了水手、老师与同学的帮助。这是我们小组第一次从事野外采集湖水的工作，带着兴奋与期待，我们圆满完成了湖上的工作。

7 月 15 日，我们去位于滨奥利洪高原的理想山洞进行考察，理想山洞是大理岩经

图 1.36　贝加尔湖中取水　　　　　　图 1.37　理想山洞的冰

化学溶蚀形成的山洞，洞中气温较低。在洞中我们取了三份水样品，其中两份是岩层中渗下来的溶蚀水，另外一份是洞中的冰。据介绍，洞中存在残留的末次冰期的冰。在采集水样品的过程中，我们还见识了长时间积累下的宽且深的喀斯特溶洞内貌。

在 7 月 15 日到 19 日的陆上行程中，我们对萨尔玛河、安卡河、库契尔卡河、曼祖尔卡河四条河流进行了取样与测量，这四条河流均为贝加尔湖的入流河。在萨尔玛，老师介绍了萨尔玛风与萨尔玛断裂的情况之后，同学们就开始了自我探索的过程。我们小组沿着从谷地里流出的河流，在三个点位进行了酸碱度、矿化度等数据的测量，并取到两瓶水样。一望无际的萨尔玛谷地使人感受到渺小。同时很幸运，我们没有遇到猛烈的萨尔玛风。这里，同样存在与瑞特岬角相似的因山谷两侧山脉隆升速率不同而导致的河道从北向南迁徙的过程，在河道旁我们也能明显地发现其植被、土壤与谷地中其他区域有明显差别。

安卡地堑的地貌与景观特点同样受到了水的影响。安卡河从谷地中流入贝加尔湖，但是其曲流特点非常突出，这与之前我们见到的河流都有明显差别。受水的影响，谷地中的植被较丰富，草色鲜绿，适合作为牧场，山上草色则偏黄，在谷地边界形成明

图 1.38 　 安卡地堑

显的分界线。据老师介绍，由于谷地的下沉以及贝加尔湖水位的升高，80年内安卡地堑距湖岸十公里长的区域将全部被水淹没，在河流入湖口我们已经能观察到很明显的向内侵蚀作用了。安卡地堑两岸为高原，谷地内还有沉降残余的露头。我们曾尝试经过一个牧场去往安卡河边采集水样，因地面淹没而最终只能在公路边的安卡河段测水样数据。

图 1.39　丹杰兰湖

在滨奥利洪高原上还存在着一些小型的湖泊，这些湖泊可能是化学溶蚀湖泊、热融湖或者是因构造运动而形成。在我们的行程中，主要观察并测量了三个湖泊，其中两个湖泊位于公路两侧，名为丹杰兰湖，又被形象地称作"双湖"。这两个湖均为化学溶蚀而形成，有很高的盐度，我们能在湖边看到指示高盐度的芨芨草，并且地面有较厚的大面积白色盐层。不过虽然地理位置相近，但它们的大小差别很大，一个已经快要干涸，而另一个水量仍较多，并且两湖酸碱度存在差异，一个偏碱性，一个偏酸性，目前这一现象还没有确凿的解释。

另一个湖名为"霍博湖"，其成因较为复杂，是热融湖还是构造湖尚无定论。该湖背靠滨海断裂，且受到与滨海断裂接近正交方向的两条小断裂的控制，处在一个地垄中。根据拉里萨老师介绍，今年霍博湖面积略有扩大。而这一地区根据其他湖泊情况来看应该是蒸发量大于降水量的，所以湖泊面积会扩大可能是湖泊中有着地下水的补给，也有可能是仅这一区域降水量较大，这一问题值得我们去探索。

图 1.40　霍博湖

在滨奥利洪高原上能看到大量因冻土层退化而形成的景观，在今年所居住的基地与以往的基地附近都能看见隆起约 0.5～1.0 m 高的石堆，这些破碎的岩石就是因其下季节性冻土的冻融作用而形成的，石堆上生长的名为"茶"的小黄花便是冻土存在的标志。萨尔坦冰期时形成的冰在气候变暖后逐渐融化，与其上沉积的物质组成冻胀丘。这些小丘下的冰在寒冷季节冻结膨胀，在温暖时融化。在反复的冻融作用下，小丘上的物质被筛选。紧邻库契尔卡谷地的冰水岩盖则是由于地下掩盖的冰期时的冰层融化，导致地表的下陷，降水在此处发生累积。

图 1.41　冰水岩盖

这其中，有一个地方综合体现了贝加尔地区水文的复杂性与独特性——库契尔卡谷地。在这里我们观察到了沼泽、河流和泉水。

河流

泉水

沼泽

图 1.42　库契尔卡谷地

库契尔卡河水的来源很丰富，主要包括冻土融水、降水和冰融水。泉水的形成是由于这里的大理岩发生化学侵蚀作用，泉水中含有丰富的元素且元素含量很平衡。在泉眼处，大家纷纷拿出自己的水杯灌满了泉水。沼泽的形成是由于冻土层的融化。库契尔卡谷地处在与滨海山脉平行的位置，并且受到沿滨海山脉方向的两条断裂的控制，整个谷地处在下沉的状态中。谷地下沉的同时，湖水水位也在升高，导致贝加尔湖湖水主要以地下水的方式侵入谷地。温度较高的湖水侵入促进了永冻层的退化，形成了我们所看到的沼泽景观。

在这一区域，内动力过程和外动力过程相互作用，共同影响水的分布和成分。水体之间的差异性和相关性在这一实例中清晰地体现出来。

2. 测量、分类与结论

2.1 水体分类

我们将观察点位的水体分为四类，包括河流水、湖泊水、岩溶水和季节性冻土水。

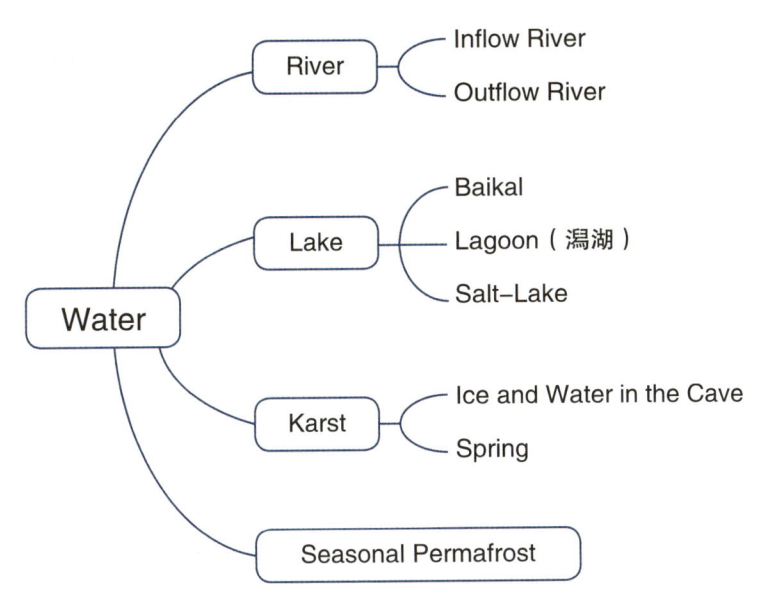

图 1.43　水体分类图

河流包括入流河与出流河。我们观察的入流河有安加河、库契尔卡河、萨尔玛河等，出流河有安加拉河。在湖上科考路线中，我们测量并收集了贝加尔湖不同区域和不同深度的水体。位于陆地的点位里，我们去了库尔马湾和容杜克岬角，那里有着潟湖，以及以丹杰兰湖和霍博湖为例的盐湖。我们观察到的岩溶水主要是理想洞穴中的冰、水和营地区域的泉水。在库契尔卡谷地形成的沼泽水则是季节性冻土水。

2.2 测量结果与分析

我们在科考过程对接触的不同水体进行了部分数据的检测，测量对象包括水的酸碱度、矿化度、电导率与温度。

表 1-2　水体测量数据

CLASS1	CLASS2	POSITION	D (g/L)	pH	EH
Lake	Baikal	Barakchin Island	0.0570	7.77	−0.0456
Lake	Baikal	BL1	0.0580	7.50	−0.0360
Lake	Baikal	BL2	0.0650	7.27	−0.1720

(续表)

CLASS1	CLASS2	POSITION	D (g/L)	pH	EH
Lake	Baikal	BL3	0.0710	7.38	−0.0240
Lake	Baikal	BL4	0.0680	7.32	−0.0170
Lake	Salt-Lake	Tajeran Lake (Small)	2.1900	6.60	−0.0206
Lake	Salt-Lake	Tajeran Lake (Large)	2.0050	7.94	−0.0607
Lake	Salt-Lake	Kholbo Lake	1.1720	7.94	−0.0572
Karst	Cave	Mechta Cave			
Karst	Spring	Spring	0.1260	7.00	−0.0033
Meltwater	Meltwater	Kuchulga	0.1140	6.24	0.0398
Meltwater	Meltwater	Hydrolokolite			
River	Inflow	Samar (upper)	0.0590	7.21	−0.0147
River	Inflow	Samar (middle)	0.0590	7.10	−0.0120
River	Inflow	Samar (down)	0.0630	7.18	−0.0128
River	Inflow	Palao-lrkut River	0.1270	7.16	−0.0120
River	Inflow	Kuchulga River	0.1080	6.77	0.0094
River	Inflow	Anga River	0.0940	7.20	−0.0146

表1-3 水体平均值

CLASSIFICATON	D (g/L)	pH	EH
Karst	0.1260	7.00	−0.0033
Lake	0.7108	7.47	−0.0541
Permafrost	0.1140	6.24	0.0398
River	0.0850	7.10	−0.0095
Total	0.4023	7.22	−0.0283

表1-4 水体标准差

CLASSIFICATON	D (g/L)	pH	EH
Karst	0.0000	0.000	0.0000
Lake	0.9388	0.4408	0.0504
Permafrost	0.0000	0.0000	0.0000
River	0.0290	0.1679	0.0093
Total	0.7164	0.4525	0.0454

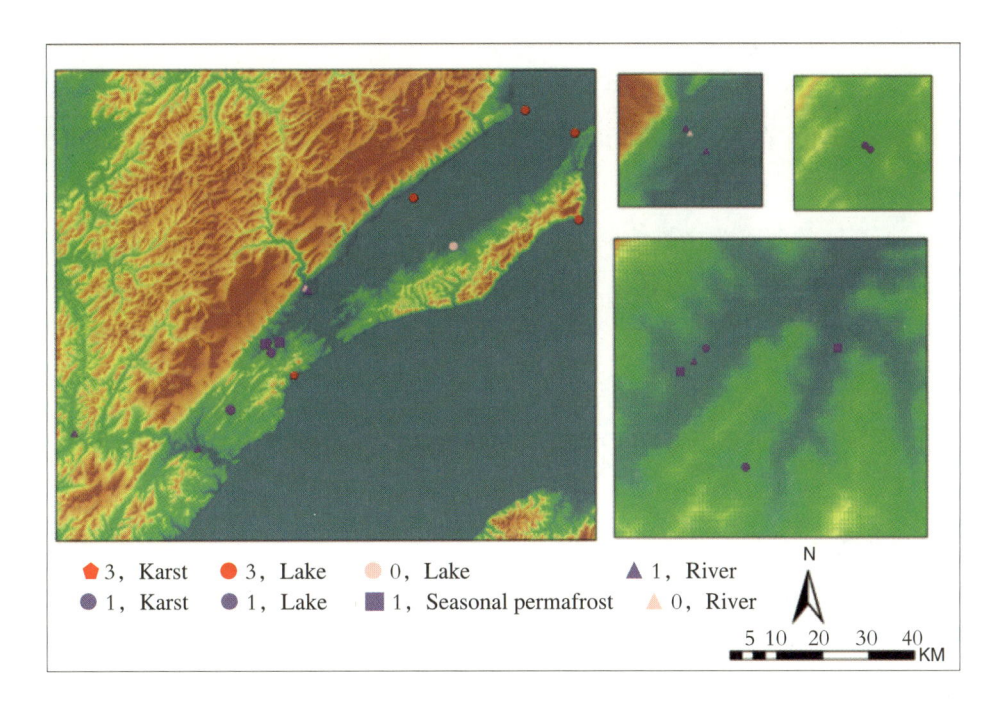

图 1.44　测量与取样点位分布图

总体来看，标准差集中在湖泊这一类别，所以我们又将湖泊分为贝加尔的湖水与盐湖两类，进行进一步数据分析。

表1-5　湖泊水平均值

CLASSIFICATON	D（g/L）	pH	EH
Lake	0.7108	7.47	-0.0541
Baikal	0.0638	7.45	-0.0589
Salt-Lake	1.7890	7.49	0.0462
Inflow River	0.0850	7.10	-0.0095
Baikal & Inflow Water	0.0754	7.26	-0.319
Total	0.4023	7.22	-0.0283

表1-6　湖泊水标准差

CLASSIFICATON	D（g/L）	pH	EH
Lake	0.9388	0.4408	0.0504
Baikal	0.0061	0.1994	0.0642
Salt-Lake	0.5423	0.7736	0.0222
Inflow River	0.0290	0.1679	0.0093
Baikal & Inflow Water	0.0236	0.2498	0.0486
Total	0.7164	0.4525	0.0454

根据现有数据我们得到了以下结论：

（1）我们发现矿化度的分布规律与拉里萨教授所说的一致，贝加尔湖水的矿化度的确整体低于河流水的矿化度。而我们在萨尔玛河测得的数据应该是一个因降水导致的例外。

（2）入流河的河水为中性水，但贝加尔湖水的pH要偏高一点。如果我们的测量方法基本正确，那么我们可以推测水中的弱酸溶质应该起到了主导作用，但不能排除其他因素。

（3）入流河和盐湖的电导率非常低。对于入流河来说，我们假设是河流的流动性导致其电导率较低。而对于盐湖，我们认为其高盐度使得湖水中氧气含量降低，所以电导率低。

3. 未来方案

我们共收集了24瓶水样，其中12瓶为贝加尔湖水样，另外12瓶水样的取水点位分布在滨奥利洪高原和滨海山脉上。之后，我们将检测常规元素。我们假设，有着类似来源的水样会出现相似的测试结果，并且所得结果中会有合适的特征数值让我们可以直接划分不同水体。

之后，我们计划阅读更多的文献，找到一些可以在我们的样本中进行检测的特殊指标，并以此探索贝加尔湖湖水来源的指示，例如区分咸水环境和淡水环境的指标。

此外，考虑到我们的样本在多样性和数量两方面均不足，我们将收集更多关于贝加尔湖的基础数据以完善我们的研究。

■ 参考文献：

[1] Овчинникова Т Э, Бочаров О Б. Численное моделирование водообменных процессов в озере Байкал[J] Водные ресурсы, 2017, 44（3）.

[2] Weiss R F, Carmack E C, Koropalov V M. Deep-water renewal and biological production in Lake Baikal[J]. Nature, 1991, 349.

[6] Lohatskaya R M, Mats V D, Auzina L I, et al. Field Practice on Baikal, Geography, Geology, Zoology, Botany[M]. Irkutsk：Publishing House of Irkutsk State Technical University, 2008.

（四）基于地貌指数的贝加尔湖周边水系演化与新构造活动探究

1. 引言

近年来，构造地貌学成为传统地质学方法之外研究新构造运动最为直观有效的手段之一[1]，以数字高程模型（Digital Elevation Model，DEM）为基础的数字地形分析成为研究水系演化、地貌与新构造运动联系的重要手段。

贝加尔裂谷带地处 51°29′~55°46′N，103°41′~109°57′E 之间。裂谷带全长约 1600 km，宽约 60~250 km。该地区是萨彦—贝加尔褶皱带和西伯利亚板块的边界，处于威尔逊旋回的萌芽阶段。贝加尔裂谷带构造演化经历了前寒武纪结晶基底的形成、早古生代弧陆碰撞、白垩—古近纪夷平面的形成和新生代裂谷带的形成四个阶段。新生代以来，滨奥利洪地区在白垩—古近纪夷平面的基础上发育了一系列明显的新构造。

贝加尔裂谷带中部的滨奥利洪地区是贝加尔裂谷带新构造运动表现最强烈的地区，在中新世以来具有强烈的拉张运动和升降运动特征，该地区也是本次实习的主要研究区。

滨奥利洪地区位于贝加尔湖中部西岸，南起布古里杰伊卡（Buguldeyaka），向北延伸至东北向的科学院山脊（Academic Ridge）。该地区受到 NW-SE 向拉张作用，发育了强烈的新构造，包括三个主要构造单元，分别是滨海山脉、小海地堑和滨奥利洪高原。NE 向延伸的滨海断裂（Primorsky Fault）、小海断裂（Maloye More Fault）和奥利洪断裂（Olkhon Fault）以及 NW 向延伸的萨尔玛断裂（Sarma Fault）组成了该地区主要的断裂系统（如图 1.45）。总体来看，该地区大多数断裂为 NE 向延伸，为控制裂谷带发育的主要断裂方向，而 NW 向断裂规模较小。

左：断层三角面山　　　　　　　　　　　右：安卡地堑

图 1.45　断裂系统

贝加尔湖地区独特复杂的构造与地貌演化史一直是科学难题。我们希望利用研究区 DEM 数据进行河流水系提取，对典型流域开展地貌指数计算，对研究区的地貌形态特征进行定量表达，并分析区域地貌发育阶段和演化过程。结合区域水系格局和地层的分布，分析区域新构造活动的特征，评估不同区域断层的活动性。通过释光测年法获得滨奥利洪地区的古河道沉积物样品的年代，根据沉积剖面的沉积特征及年代推测滨海断裂等断裂的发生时代、滑动速率，并分析断裂、区域新构造活动对水系格局和地貌演化的影响。

2. 研究方法

构造地貌学的分析方法可以归纳为构造地貌格局分析法、构造地貌形态分析法、构造地貌相关沉积分析法和构造地貌年代分析法四种类型[2]。其中形态分析是构造地貌最基本也是最主要的分析方法，易行、有效的手段主要有水系结构形态分析和地形形态分析两个方面。

项目利用研究区 DEM 数据进行河流水系提取，对典型流域开展山前曲折度、河谷宽高比、流域密度、河流陡峭度等地貌指数计算。选取典型流域开展河流纵剖面、Hack 剖面等分析，计算测高积分、地形起伏度等。对研究区的地貌形态特征进行定量表达，并分析区域地貌发育阶段和演化过程。结合区域水系格局和地层的分布，分析区域新构造活动的特征，评估不同区域断层的活动性。

近年来，随着河流纵剖面形态拟合和水力侵蚀模型的发展，对构造活动的研究进一步量化[3]。赵国华等[4]计算了龙门山中段山前 5 条河流的 Hack 剖面，分析该地区的构造活动、地貌演化特征。赵洪壮等[5]利用 Hack 剖面、河长坡降指标（SL）等参数，对北天山流域的活动构造进行量化分析。SL 可以反映河流的坡度变化，局部河段 SL 的变化可以反映岩性的变化或者构造运动，也可以间接反映河流发育的新、老阶段[6]。

热门的地貌指数还有河流陡峭指数（Ks）[6]、山前曲折度（SMF）、河谷宽高比（VF）[7]等。Ks 可以表达流域局部河段河道坡度与汇水面积的幂指数关系[3, 6]，通过双对数图可判断河道处于稳定状态或过渡状态；SMF 反映山前构造活动的活跃程度，山前缘的形态越顺直，SMF 的值越接近于 1，表明区域的构造活动越活跃，SMF 的值大于 2，表明区域构造稳定，侵蚀活动比较强烈[8]；VF 反映河流构造活动与河谷形态的关系，若 VF 值低（<1），河谷为 "V" 形，表明区域存在快速隆升，河流下切侵蚀强烈[8]，若 VF 值高，河谷较宽，表明构造活动不强烈，河流向下侵蚀速率小。

目前的地貌指数研究进展迅速，运用实例很多，但结合不同地貌指数进行综合分析的工作较少，且一些地貌指数的计算过程操作较复杂，有待简化。已有一些研究为地貌指数的计算提供了便利。Shahzad 等[9-10]基于 Matlab 语言开发了 TecDEM 软件，可以提取常用的小流域地貌参数；Pérez-Peña 等[11]开发了可嵌入 ArcMap 模板的 CalHypso 工具来对流域测高积分进行统计计算；Whipple[12]结合 Matlab 开发了提取河流陡峭指数、凹曲度、河流纵剖面形态的 Profiler 模块。这些地貌指数提取工具的应用，使得研究工作更加准确、便捷，并成为目前国际地貌研究开展工作的主流工具。

此外，我们将采集自滨奥利洪地区的古河道沉积物样品进行光释光测年，根据沉积剖面的沉积特征及年代推测滨海断裂等断裂的发生时代、滑动速率，并分析断裂、区域新构造活动对水系格局和地貌演化的影响。

3. 前期实践

我们在科考过程中对实习区的地貌进行了细致的观察，并在遥感影像上进行了目视解译，采集了光释光测年的样品。以下是对实习区构造与地貌的一些总结。

3.1 断裂系统[13]

滨海断裂：由西伯利亚板块与外贝加尔板块碰撞形成的断裂，南起布古里杰伊卡，NE 向延伸至莎尔特莱角（Shartla Cape），呈 NE-SW 走向，有铲式断裂特征。该断层为从早古生代逆冲断层演化而来的正断层。自 SW 向 NE，断距不断增大，年龄也渐老。在滨海山脉与滨奥利洪高原可观察到受其作用产生的地形起伏。

奥利洪断裂：全长 800 km，从布古里杰伊卡延伸至科学院山脊。它是铲式断裂，断距约 1000 m，最大可达 2500 m，与滨海断裂在深部汇聚于同一拆离面。从地貌景观来看，该断裂在奥利洪岛东岸表现为近直立的断层三角面山。

小海断裂：位于滨海断裂与奥利洪断裂之间的一组台阶状小断裂，倾向与上述二者相反，形成了小海地堑。

萨尔玛断裂：为 NW 向断裂，与滨海断裂大致垂直，切断了滨海山脉。萨尔玛断裂有明显的"X"节理，在萨尔玛河谷可清晰观察到。

Zunduk 断裂：观察于 Zunduk 岬角，与滨海断裂大致垂直，形成陡峭的山脊。

3.2 断层三角面

断层三角面是断层崖受河流强烈侵蚀以后形成的地貌，在构造活动剧烈的贝加尔地区多处可见，是该地区高速新构造运动的显著证据。图 1.45 左为滨海断裂造成的断层三角面山。

3.3 地堑

小海地堑：由小海断裂形成，位于小海东岸，即奥利洪岛西北岸，有清晰可见的断层三角面山，湖岸多见沙丘。

安卡地堑：沿"X"节理发育，两侧均为正断层。谷地处于相对下沉阶段，内有安卡河，为一曲流河，在入湖口有湖水倒灌的现象，均指示不平衡的构造下沉，发育有多个牛轭湖。图 1.45 右为位于安卡地堑东侧山坡拍摄的谷地照片。

库契尔卡谷地：位于黑矿村附近，由滨海断裂与其他垂直方向的小断裂形成，有永久性冻土层存在，发育冻胀丘。

3.4 水系与古河道剖面

Ryty 河道变迁：该地古河道数量众多，有冰积物与泥石流沉积的剖面，河道逐渐向滨海山脉的方向迁移，原因是两侧滨海山脉与贝加尔山脉的抬升速率不同，后者大于前者。

曼祖尔卡古河道剖面：为古曼祖尔卡河所在地，现分割成为流向湖中的布古里杰伊卡河与流向北东的曼祖尔卡河，前者为反向河，后者为断头河，成因是滨海山脉的抬升作用。由于处于断裂带，故希望通过此地沉积物测年获取断层活动信息。

断错水系：观察滨海山脉附近水系，发现疑似为断错水系的现象，由相关研究得知滨海断裂有走滑特征[13]，但该现象仍需进一步确定。

3.5 样品采集

我们在萨尔玛与曼祖尔卡两地古河道采集了不同的样品，用于光释光测年与 ^{14}C 测年，以进行对活动断层强度的相关分析。

图 1.46 曼祖尔卡古河道（上）和萨尔玛古河道（下）剖面与采样

4. 已有成果与思考

在项目初步进展中，我们已经设置一定阈值，粗略提取了研究区水系，绘制了河流纵剖面，这对我们的实习也有利用价值。

5. 展望

未来我们将对水系提取的结果进行评价与修正，随后利用更多的地貌指数进行分析研究，并完成测年实验，将使用 DEM 估算的断层滑动速率与测年估算获得的结果进行对比。我们期望能对研究区地形地貌有宏观的认识与描述，并将水系演化特征、构造地貌与该地区活跃的构造活动联系起来，发现更多科学问题。

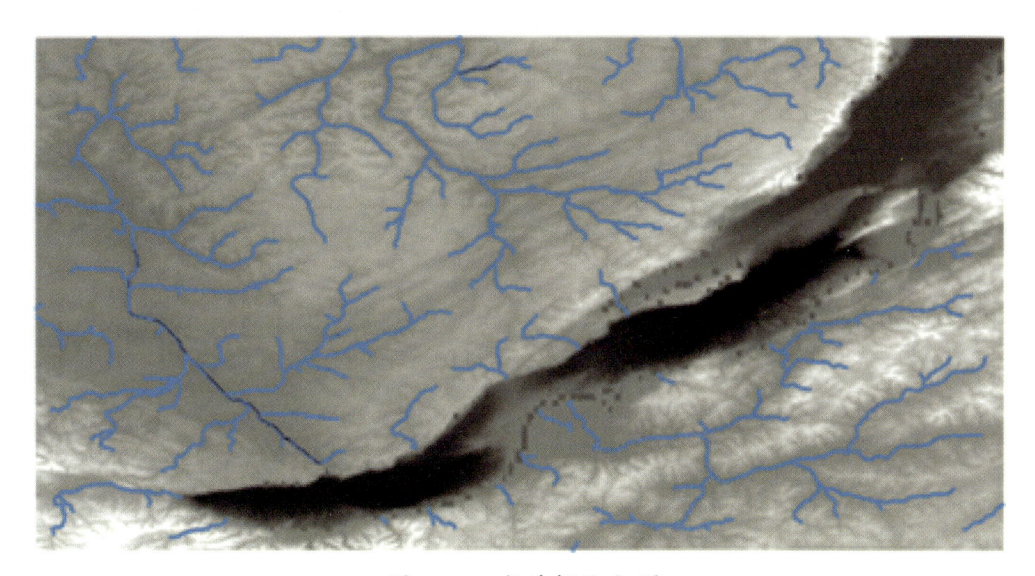

图 1.47　水系提取初图

致谢

感谢学校为我们提供这次前往贝加尔湖参加国际科考的机会，这让我们接触到了更多科学知识，感受到了地学深深的魅力，也被这个被称为"世界蓝色明珠"的湖泊所折服。感谢每一位在科考过程中辛勤付出的老师，是他们在幕后一丝不苟的工作和组织才能让科考活动顺利进行。感谢李一泉老师、王先彦老师、张永战老师为我们项目提出的建议、提供的帮助，希望我们在参与大学生创新创业项目后能够顺利结题，获得科研能力的提升。

■ 参考文献

[1] 陈涛,张会平,王伟涛,等.海原断裂带中东段地貌差异及其成因探讨[J].地震地质,2014,36(2).

[2] 王岸,王国灿,Wang A,等.构造地貌及其分析方法述评[J].地质科技情报,2005,24(4).

[3] Kirby E, Whipple K X. Expression of active tectonics in erosional landscapes [J]. J Struct Geol, 2012, 44.

[4] 赵国华,李勇,颜照坤,等.龙门山中段山前河流Hack剖面和面积-高程积分的构造地貌研究[J].第四纪研究,2014,34(2).

[5] 赵洪壮,李有利,杨景春,等.天山北麓河流纵剖面与基岩侵蚀模型特征分析[J].地理学报,2009,64(5).

[6] 于洋,王先彦,李一泉,等.长江源地区通天河段水系格局演化与构造活动的关系[J].地理学报,73(7).

[7] 戴岩,王先彦,王胜利,等.地貌形态指数反映的青藏高原东北部宛川河流域新构造活动[J].地理学报,2016,71(3).

[8] Peters G, van Balen R T. Tectonic geomorphology of the northern Upper Rhine Graben, Germany[J]. Global and Planetary Change, 2007, 58(1).

[9] Shahzad F, Gloaguen R. TecDEM: A MATLAB based toolbox for tectonic geomorphology, Part 1: Drainage network preprocessing and stream profile analysis[J]. Computers and Geosciences, 2011, 37(2).

[10] Shahzad F, Gloaguen R. TecDEM: A MATLAB based toolbox for tectonic geomorphology, Part 2: Surface dynamics and basin analysis[J]. Computers and Geosciences, 2011, 37(2).

[11] Pérez-Peña J V, Azañón J M, Azor A. CalHypso: An ArcGIS extension to calculate hypsometric curves and their statistical moments. Applications to drainage basin analysis in SE Spain[J]. Computers and Geosciences, 2008, 35(6).

[12] Whipple K X. Bedrock rivers and the geomorphology of active orogens[J]. Annual Review of Earth Planetary Sciences, 2004, 32.

[13] 黄周传,邹付戈,盛玲,等.贝加尔裂谷带中部的新构造特征及其成因分析[J].资源调查与环境,2007,28(3).

（五）贝加尔湖奥利洪地区蝴蝶多样性调查

昆虫是所有动物种群中最大的一个类群，所占比例超过50%，在生态系统研究以及物种多样性保护中都十分重要。蝴蝶隶属昆虫纲（Insecta）鳞翅目（Lepidoptera）锤角亚目（Rhopalocera）。当今大部分的蝴蝶生活于热带，那里的蝴蝶体型巨大、种类繁多、色彩鲜艳。相比之下，西伯利亚的蝴蝶更显小巧朴素，但正是它们首先引起了博物学家的关注。在贝加尔湖地区共计约有180种蝴蝶，分别属于6个科。蝴蝶的生命周期较为短暂，对栖息地质量有很高的要求，对生境结构和植物组成的变化很敏感，蝴蝶多样性可用于衡量群落稳定性的重要指标，群落稳定性是指自然群落抑制物种种群波动或受干扰后恢复平稳状态的能力。群落多样性的高低主要依赖于群落中物种数的多少以及个体数在各物种中的分布是否均匀，即多样性是群落丰富度和均匀度的函数。本研究主要论述贝加尔湖Olkhon地区蝶类群落的物种多样性指数、种类优势度和均匀度。

1. 研究地区与研究方法

1.1 调查地区概述

奥利洪地区，属于温带大陆性气候，但受贝加尔湖的影响呈现部分海洋性气候的特点。7月份气温在22℃，日均日照时间达16 h。本调查选取了在气候、土壤、植被类型与盖度以及人类活动等方面均有差异并且具有代表性的5个地区（图1.48）：Chernorud、Sarma、Anga、Zunduk、Olkhon。

Chernorud自然植被以山地森林为主，空气和土壤均比较潮湿。Sarma山谷风较大，土壤、空气均比较干燥，附近有一条河流，大部分植被为草甸但也有临河的灌木丛。Anga地区植被大部分为草甸，有很多废弃的牧场。Zunduk有较多沙滩和相对较少的山林。Olkhon岛也有较多沙滩，人类活动更多，对原有生境影响较大。

图1.48　奥利洪地图及采样点

1.2 调查方法

调查采用样线法。每个生境随机选取 3 个样线，样线长 1 km。采集时间为 2019 年 7 月 10 日—7 月 19 日的 09：00—12：00、13：00—16：00，三人一组在调查区域内来回进行采样。采用捕网法，同时记录采集日期、采集时间地点、生境图片、环境温度等。标本带回基地鉴定[1]。

1.3 数据处理

Shannon 多样性指数[4]：

$$H = -\sum P_i \ln P_i$$

式中，P_i 为第 i 种占总个体数 N 的比例。

均匀度（evenness）采用 Pielou 公式：

$$J = H/\ln S$$

式中，H 为 Shannon 多样性指数，S 为群落中物种数。

相似性系数采用 Jaccard 的相似性系数公式：

$$I = C/(A+B-C)$$

式中，A、B 分别为 2 种生境类型的物种数，C 为 2 种生境类型中共有的物种数。根据 Jaccard 的相似性系数原理，当 I 为 0～0.25 时，为极不相似；I 为 0.25～0.50 时，为中等不相似；I 为 0.50～0.75 时，为中等相似；I 为 0.75～1.00 时，为极相似。

Simpson 种类优势度指数：

$$D = 1 - \sum [N_i(N_i-1)/N(N-1)]$$

式中，N 为总数，N_i 为第 i 种的个体数[2]。

2. 结果与分析

2.1 Olkhon 地区蝴蝶群落组成及保护物种

Olkhon 地区蝴蝶共有 6 科，30 属，39 种（表 1-7），占贝加尔湖科数的 100%，种数的 21.67%（39/180）。灰蝶科（Lycaenidae）的属数最多，占总数的 33.33%（1/3）。物种数中，蛱蝶科>灰蝶科>眼蝶科>弄蝶科>凤蝶科>粉蝶科，蛱蝶科种数最高，占总数的 35.90%（14/39）。在整个 Olkhon 地区蝶类中，蛱蝶科、灰蝶科占优势，而弄蝶科、凤蝶科和粉蝶科的属数和种数相对较少。

表 1-7 调查所得蝴蝶物种

序号	种名	科	属
1	*Ochlodes faunus* Turati	Hesperiidae	*Ochlodes*

（续表）

序号	种名	科	属
2	*Pyrgus alveus* Hubner	Hesperiidae	*Pyrgus*
3	*Pyrguscentaureae* Rambur	Hesperiidae	*Pyrgus*
4	*Papiliomachaon* Linnaeus	Papilionidae	*Papilio*
5	*Parnassiusnomion* Fischer von Waldheim	Papilionidae	*Parnassius*
6	*Aporia crataegi* Linnaeus	Pieridae	*Aporia*
7	*Aglaisurticae* Linnaeus	Nymphalidae	*Aglais*
8	*Nymphalisxanthomelas* Esper	Nymphalidae	*Nymphalis*
9	*Argynnisadippe* Den. et Schiff.	Nymphalidae	*Argynnis*
10	*Argynnisaglaja* Linnaeus	Nymphalidae	*Argynnis*
11	*Argynnispaphia* Linnaeus	Nymphalidae	*Argynnis*
12	*Brenthisino* Rottemburg	Nymphalidae	*Brenthis*
13	*Brenthis daphne* Denis et Schiffermuller	Nymphalidae	*Brenthis*
14	*Clossianatitania* Esper	Nymphalidae	*Clossiana*
15	*Clossianatritonia* Bober	Nymphalidae	*Clossiana*
16	*Melitaealatonigena* Eversmann	Nymphalidae	*Melitaea*
17	*Melitaea phoebe* Denis et Schiffermuller	Nymphalidae	*Melitaea*
18	*Mellictaathalia* Rottemburg	Nymphalidae	*Mellicta*
19	*Neptisrivularis* Scopoli	Nymphalidae	*Neptis*
20	*Vanessa cardui* Linnaeus	Nymphalidae	*Vanessa*
21	*Coenonymphaglycerion* Borkhausen	Satyridae	*Coenonympha*
22	*Coenonympha amaryllis* Stoll	Satyridae	*Coenonympha*
23	*Hyponephelelycaon* Rottemburg	Satyridae	*Hyponephele*
24	*Aphantopushyperantus* Linnaeus	Satyridae	*Aphantopus*

（续表）

序号	种名	科	属
25	*Boeberiaparmenio* Bober	Satyridae	*Boeberia*
26	*Hipparchiaautonoe* Esper	Satyridae	*Hipparchia*
27	*Satyrus dryas* Scopoli	Satyridae	*Satyrus*
28	*Thersamonolycaenadispar* Haworth	Lycaenidae	*Thersamonolycaena*
29	*Heodesvirgaureae* Linnaeus	Lycaenidae	*Heodes*
30	*Tongeiafischeri* Eversmann	Lycaenidae	*Tongeia*
31	*Everesargiades* Pallas	Lycaenidae	*Everes*
32	*Cyanirissemiargus* Rottemberg	Lycaenidae	*Cyaniris*
33	*Lycaeidesargyrognomon* Bergstrasser	Lycaenidae	*Lycaeides*
34	*Lycaeidessubsolana* Eversmann	Lycaenidae	*Lycaeides*
35	*Plebejusargus* Linnaeus	Lycaenidae	*Plebejus*
36	*Vacciniinaoptilete* Knoch	Lycaenidae	*Vacciniina*
37	*Plebiculaamanda* Schneider	Lycaenidae	*Plebicula*
38	*Polyommatusicarus* Rottemburg	Lycaenidae	*Polyommatus*
39	*Polyommatuseroides* Frivaldszkyi	Lycaenidae	*Polyommatus*

2.2 奥利洪地区蝴蝶群落特征

Chernorud 具有最多的属数、物种数（图 1.49）、物种多样性指数和优势度指数，Sarma 次之，Anga 再次，Zunduk 相对较低，Olkhon 最低（表 1-8）。Chernorud 自然植被以山地森林为主，空气和土壤均比较潮湿，温度适中，有多条山间小溪，水源丰富，植物种类和植物盖度均较多，多层交错的植物群落，使得蝴蝶栖息环境十分复杂，适合蝴蝶的生存和繁衍。Sarma 山谷风较大，土壤、空气均比 Chernorud 更加干燥，附近有一条河流，大部分植被为草甸，但也有临河的灌木丛，植物种类相对较多。Anga 地区植被大部分为草甸，有很多废弃的牧场，植物盖度较高，但植物种类相对较为单一，所以蝴蝶种类较少。Olkhon 在贝加尔湖上，有大面积的沙滩，还有森林，植被覆盖率适中，但游客较多，对蝴蝶的生存繁衍造成影响，所以蝴蝶种类和数量均最少[3]。

表 1-8　奥利洪地区蝴蝶群落特点

地区	Shannon 多样性指数	蝴蝶种数	均匀度	种类优势度指数
Chernorud	3.24	30	0.9526	0.9620
Sarma	2.83	20	0.9446	0.9400
Anga	2.44	14	0.9246	0.9130
Zunduk	2.19	12	0.8813	0.8800
Olkhon	1.97	9	0.8966	0.8570

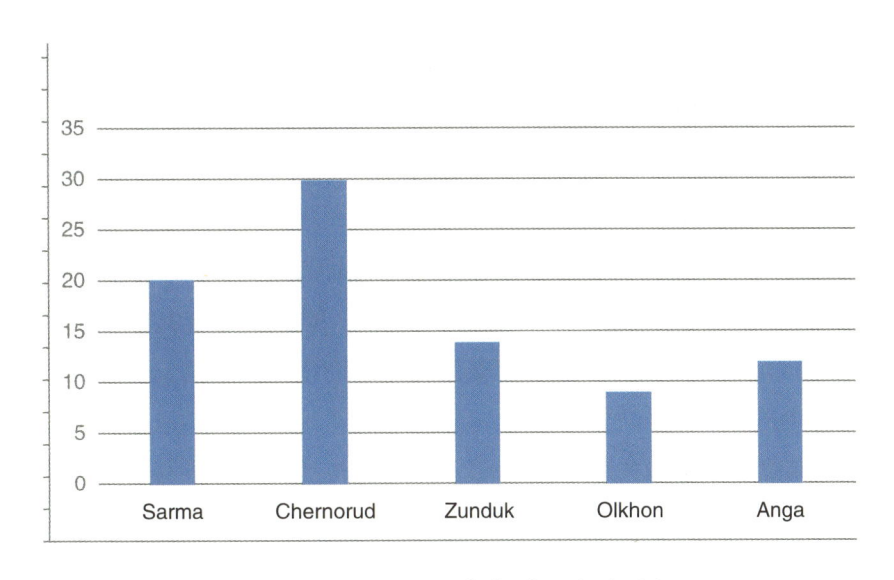

图 1.49　不同地区采集到的蝴蝶种数

2.3 不同区域蝴蝶分布的相似性

Chernorud 和 Sarma 的相似性系数最大，为 0.5625，表明这两个地区内物种相似性最高。相似度最小的是 Olkhon 和 Anga，为 0.1429（表 1-9）。因为 Chernorud 和 Sarma 的生境都较为复杂，具有森林、草甸、荒地等，所以物种相似度最大。而 Anga 有一条河流过，有茂盛的湿地草甸，气温湿度温和，适合蝴蝶生长繁衍；但是在 Olkhon 岛上，气候干燥，有较多的沙地，风速也大，同时，岛上经过旅游开发，人为干扰较大，因此蝴蝶物种数也相应减少，导致 Olkhon 和 Anga 两地相似性最小。综上所述，生态环境接近，其蝴蝶种类更为相近，否则相似性最小[2]。

表 1-9 不同地区蝴蝶相似系数

	Chernorud	Sarma	Anga	Zunduk	Olkhon
Chernorud		0.5625	0.3333	0.3125	0.2121
Sarma			0.2593	0.3913	0.2500
Anga				0.2381	0.1429
Zunduk					0.1579

注：I 为 0～0.25 时，为极不相似；I 为 0.25～0.50 时，为中等不相似；I 为 0.50～0.75 时，为中等相似；I 为 0.75～1.00 时，为极相似。

3. 讨论

3.1 Olkhon 地区蝴蝶的分布

Olkhon 地区蝴蝶共有 39 种，隶属 6 科、30 属，蛱蝶科、灰蝶科为优势类群。不同的生境间，蝴蝶分布也各有不同，沿河的湿地草甸中蝴蝶物种最为丰富，森林次之，物种最少的是沙地。蝴蝶比较丰富的是 Sarma 峡谷沿河区域和 Chernorud 的湿地草甸区域，这两个地方植被覆盖率较高且湿润，风速较小。蝴蝶相对较少的区域是 Olkhon 岛上沿湖沙地，这里干燥风大，不适合蝴蝶生存。植被覆盖率越高、植物种类越复杂、有河流的地方更适合蝴蝶生长繁衍。

3.2 生境与蝴蝶数量的关系

不同环境生存的蝴蝶物种数不同，Chernorud 的森林地带生存的物种数较多，Sarma 山谷的物种数较少。物种多样性降低，说明植物物种丰富度与盖度以及水源将直接影响蝴蝶种群分布。除此之外，在 Olkhon 岛上，虽然植物覆盖率适中，但蝴蝶种类和数目均较少，说明人类活动对蝴蝶多样性有较大影响。大量的游客活动所带来的当地的开发使原有自然生境破碎化，甚至消失；游客活动所带来的污染和人为干扰严重影响了生物对栖息地的利用，打破了生物与栖息地原有的协调关系。随着奥利洪地区旅游业的发展、游客数目的进一步增加，对奥利洪地区的进一步开发可能导致森林覆盖率下降，蝴蝶物种多样性很有可能下降[5]。

参考文献：

[1] 李密，周红春，谭济才，等.乌云界国家级自然保护区蝴蝶物种多样性及其保护 [J]. 应用生态学报，2011，22（6）.

[2] 李麒麟，林炽贤，符芳义.三亚市蝴蝶多样性调查 [J]. 生态学杂志，2016，35（12）.

[3] Raupp M J, Shrewsbury P M, Herms D A. Ecology of herbivorous arthropods in urban landscapes[J]. Annual Review of Entomology, 2010, 55.

[4] 马克平.试论生物多样性的概念 [J]. 生物多样性，1993，1（1）.

[5] Clark P J, Reed J M, Chew F S. Effects of urbanization on butterfly species richness, guild structure, and rarity[J]. Urban Ecosystems, 2007, 10.

（六）滨奥利洪地区蚁穴分布格局及其与植物资源的相关性研究

1. 引言

在生态系统中，植物作为生产者与动物关系密切。在长期的进化过程中，许多植物与蚂蚁形成了互惠共生关系[1]。而蚂蚁这种倾向于与植物形成互惠共生关系的特性可能是蚂蚁营养需求、聚集行为和种群组织特性的结果[2-3]。研究发现，蚂蚁对植物种子的传播以及萌发影响极大，蚂蚁的搬运甚至会影响某些温带森林的群落结构[1]。此外，植物也为蚂蚁提供食物来源和居住环境，两者的互惠关系也有利于自然群落的恢复，并促进了两者的进化。国内外有研究将蚂蚁作为生物指标，来检测环境变化和生物多样性[4-5]。然而目前关于蚂蚁的研究主要集中于分类与区系[6]，蚁穴分布特征及其与植物相关性的研究还十分缺乏。

昆虫种群的空间分布格局是种群的重要属性[7]，而种群空间分布格局又是种群个体在水平空间的分布状况，是种群自身特性、种间关系及环境条件综合作用的结果[8]，是种群动态及群落演替趋势的体现[9]。因此掌握蚂蚁巢穴的空间分布格局十分必要。种群的空间分布格局主要可分为随机分布、均匀分布和集群分布这三类[10]。其中均匀分布在自然中十分罕见，主要存在于人工种植的植物群落中。目前对于蚂蚁巢穴的空间分布格局的研究主要集中在随机分布和集群分布[6, 11]。

本研究以贝加尔湖的滨奥利洪地区为实验样地，通过调查当地的优势蚂蚁——光亮黑蚁（Formica candida）的蚁穴空间分布格局以及植物资源的分布结构，建立光亮黑蚁蚁穴分布与植物的相关模型，以探究光亮黑蚁在筑巢活动中对植物的选择性及其相互作用机制。

2. 研究方法

2.1 研究地点概况

俄罗斯贝加尔湖滨奥利洪地区地处寒温带，属大陆性气候，但由于受到贝加尔湖这一巨大水体的影响，又同时具有海洋性气候的部分特征。该地区气温的年、日变化都比较和缓，年较差和日较差都比大陆性气候小。夏季气温比周围地区低约6℃，冬季约高11℃。春季气温低于秋季气温。全年最高、最低气温出现时间比大陆性气候的时间晚；最热月在8月，最冷月在2月。降水量的季节分配比较均匀，降水日数多，但强度小。云雾频数多，湿度高。

滨奥利洪地区已记录的维管束植物共118科、494属，其中菊科、禾本科、莎草科为主要科目，占据了51%的属和59%的种，其中很多为该地区特有的物种。该地区的动物资源同样丰富，水生动物1600余种，其中鱼类50种分属7科；湖滨动物广泛分布于草原、森林、岩石半岩石地区等不同生境，其中包括60余种蚂蚁。而我们的研究对象光亮黑蚁也是当地的优势蚁种，它广泛分布于所有的中亚山脉北至戈尔诺—阿尔泰斯克以及中国西藏、蒙古、西伯利亚的贝加尔湖地区和东部地区[12]。

2.2 调查方法

采用生态学样方法，在滨奥利洪地区建立了5个5 m×5 m的大样方，样方内按1 m间隔拉样线，设立1 m×1 m样方，每个大样方共设25个小样方。在小样方中，分别记录蚁穴坐标位置与数量以及所有植物的数量，并对每种植物随机采集3株地上部分，待风干后称重得到植物的平均干重，由此计算每种植物的生物量。

2.3 分析方法

2.3.1 点格局分析

运用R 3.5.2统计软件spatstat语言包中的K函数[13]进行点格局分析，以研究蚁穴的空间分布格局。点格局分析法是以种群空间分布的坐标点图为基础，将每个蚁穴看作一个点，以全部蚁穴组成二维点图为基础进行的空间格局分析，研究蚁穴的空间分布模式[14]，其中K函数是由Ripley提出的一个积累布函数，公式如下[15]：

$$\hat{K}(r) = \frac{A}{n^2} \sum_{i=1}^{n} \sum_{\substack{j=1 \\ j \neq i}}^{n} W_{ij}^{-1} I_r(u_{ij})$$

其中，A表示样方面积；n为样方中蚁穴的数量；u_{ij}为第j个蚁穴和第i个蚁穴之间的距离；当$u_{ij} \leq r$时，$I_r(u_{ij})=1$，当$u_{ij} > r$时，$I_r(u_{ij})=0$；W_{ij}为权重，用于消除边缘效应的影响。

R语言中可以利用蒙特卡罗方法随机模拟产生上下包迹线，模拟的数据点数量与实际的观测点数量一致,若实际 $K(r)$ 值位于2条包迹线之间,则代表蚁穴呈随机分布;若位于上包迹线上,则蚁穴为聚集分布;若位于下包迹线下,则蚁穴呈均匀分布[16]。

2.3.2 相关性分析

运用非参数检验,在对总体分布不甚了解的情况下通过对两组独立样本的分析来推断样本来自两个总体的分布等是否存在显著差异。通过 spearman 相关性分析,公式如下[17],研究蚁穴空间分布与植物生物量的相关性。

$$\rho = \frac{\sum_{i=1}^{n}(x_i-\bar{x})(y_i-\bar{y})}{\sqrt{\sum_{i=1}^{n}(x_i-\bar{x})^2 \sum_{i=1}^{n}(y_i-\bar{y})^2}}$$

运用 R 3.5.2 统计软件中的 vegan 语言包与 psych 语言包进行植物多样性指数的计算及其与蚁穴空间分布的相关性分析。其中植物多样性选用 Shannon-Wiener 与 Simpson 这两种广泛使用的多样性指数,计算公式如下[18]:

(1) Shannon-Wiener 多样性指数:

$$H = -\sum_{i=1}^{s}(P_i \ln P_i)$$

(2) Simpson 多样性指数:

$$D = 1 - \sum_{i=1}^{s}(p_i)^2$$

2.3.3 多元回归分析

运用 R 3.5.2 统计软件中的 1 m 函数进行多元回归分析,首先建立起样方中所有采集植物的总生物量与样方中蚁穴数量的全量回归模型,利用方差膨胀因子(VIF)判断这些变量是否存在共线性问题,我们认为当 VIF > 5 时,即存在多重共线性,用逐步回归 step 函数进行变量的初步筛选,并根据 AIC 赤池信息准则,选择最终的变量参与建模,实现逐步回归,通过样方中得到的多种植物的总生物量建立起这些植物总生物量与蚁穴数量的多元回归模型,以探究出整体环境下对蚁穴分布格局存在较大影响的多种植物,及这些植物对蚁穴分布格局的不同影响。

3. 结果与分析

3.1 蚁穴分布格局

在滨奥利洪地区 5 个样方中分别统计了蚁穴的坐标位置(见图 1.50)。

根据 K 函数的检验结果,样方 1、样方 2、样方 3 和样方 5 的 $K(r)$ 实际值 K_{obs} 位于 2 条包迹线之间,提示这 4 个样方内的蚁穴在 0~1.2 m 的尺度上呈随机分布;而

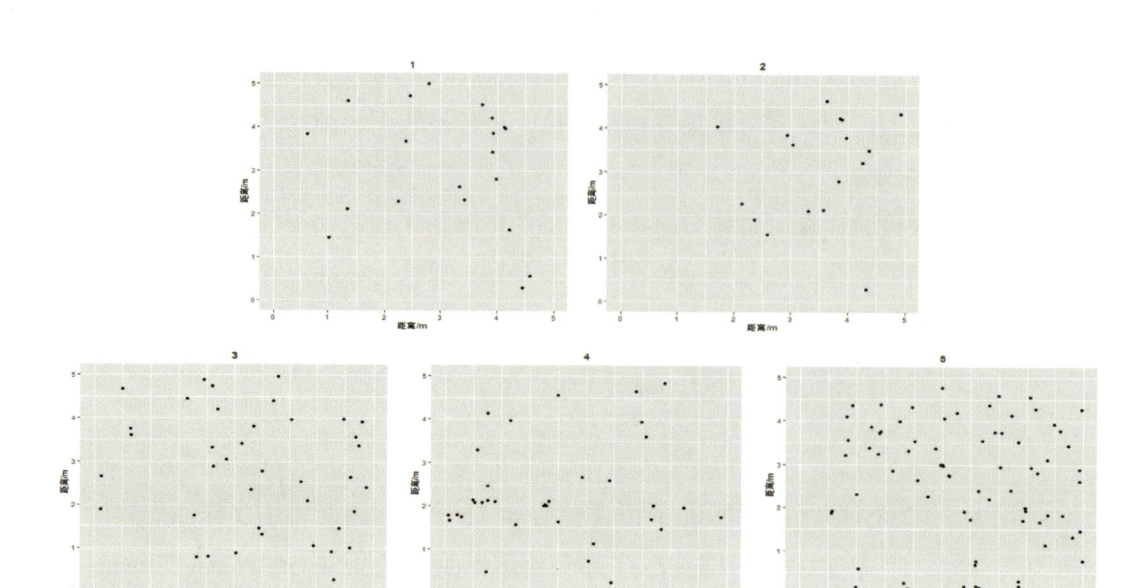

图 1.50 蚁穴分布格局

样方 4 的蚁穴在 0～1 m 的尺度上呈集群分布，在 1.0～1.2 m 的尺度上呈随机分布。

3.2 蚁穴分布与植物生物量相关性分析

在这 5 个样地中共鉴定到 25 种植物，并测量了这 25 种植物在各个样方的总生物量及出现频率，结果见表 1-10。

表 1-10　各种植物在各个样方中的总生物量及其出现频率

植物编号	植物名称	植物学名	总生物量（g）	平均生物量（g）	出现频率
1	冰草	Agropyroncristatum	355.80	71.16	0.392
2	野韭	Allium ramosum	37.10	7.42	0.168
3	北葱	Allium schoenoprasum	0.90	0.18	0.008
4	细叶韭	Allium tenuissimum	1.10	0.22	0.024
5	柔毛蒿	Artemisia commutata	426.80	85.36	0.576
6	冷蒿	Artemisia frigida	433.60	86.72	0.200
7	高山紫苑	Aster alpinus	727.50	145.50	0.544
8	红柴胡	Bupleurum scorzonerifolium	511.40	102.28	0.680

（续表）

植物编号	植物名称	植物学名	总生物量（g）	平均生物量（g）	出现频率
9	锦鸡儿	Caragana pygmaea	17.40	3.48	0.048
10	寸草	Carexduriuscula	480.90	96.18	0.592
11	葛缕子	Carum carvi	48.00	9.60	0.192
12	糙隐子草	Cleistogenessquarrosa	15.00	3.00	0.104
13	达乌里芯芭	Cymbariadaurica	69.60	13.92	0.176
14	无心菜	Eremogonemeyeri	1160.00	232.00	0.776
15	线叶菊	Filifoliumsibiricum	65.60	13.12	0.240
16	鸢尾	Iris sp.	8.40	1.68	0.104
17	洽草	Koeleriamacrantha	10.00	2.00	0.192
18	瓦松	Orostachys fimbriata	586.00	117.20	0.264
19	棘豆	Oxytropissylresfris	678.50	135.70	0.600
20	二裂委陵菜	Potentilla bifurca	31.50	6.30	0.072
21	菊叶委陵菜	Potentilla tanacetifolia	5.30	1.06	0.040
22	燥原芥	Ptilotrichumsibiricum	24.50	4.90	0.384
23	蒙古白头翁	Pulsatillaambigua	450.00	90.00	0.688
24	地榆	Sanguisorba officinalis	159.10	31.82	0.168
25	红花百里香	Thymus serpillum	220.00	44.00	0.448

根据 spearman 相关系数对蚁穴数量与植物总生物量进行分析，发现有多种植物总生物量与蚁穴的数量分布存在相关性，见表 1-11。冷蒿、寸草和棘豆三种植物总生物量与蚁穴数量具有显著的相关性：$\rho_6=0.442$（$P=0.038$）、$\rho_{10}=-0.367$（$P=0.029$）、$\rho_{19}=-0.287$（$P=0.031$），其中冷蒿的总生物量与蚁穴数量呈正相关，而寸草和棘豆两种植物的总生物量与蚁穴数量呈负相关。我们认为蚁穴分布和这三种植物分布的关系相对密切，这三种植物的分布与蚁穴的分布存在着较大程度的互作。

表1-11 各种植物总生物量与样方蚁穴数量的相关性分析

植物编号	植物名称	相关系数 ρ	p 值
1	冰草	0.206	0.304
2	野韭	0.384	0.860
3	北葱	−0.014	0.920
4	细叶韭	0.008	0.785
5	柔毛蒿	−0.072	0.066
6	冷蒿	0.442	0.038
7	高山紫苑	−0.123	0.967
8	红柴胡	−0.206	0.585
9	锦鸡儿	0.256	0.377
10	寸草	−0.367	0.029
11	葛缕子	0.025	0.669
12	糙隐子草	0.243	0.162
13	达乌里芯芭	0.382	0.108
14	无心菜	0.074	0.902
15	线叶菊	−0.248	0.733
16	鸢尾	−0.085	0.733
17	洽草	0.402	0.731
18	瓦松	−0.003	0.256
19	棘豆	−0.287	0.031
20	二裂委陵菜	0.265	0.940
21	菊叶委陵菜	−0.080	0.846

(续表)

植物编号	植物名称	相关系数 ρ	ρ 值
22	燥原芥	0.146	0.543
23	蒙古白头翁	−0.281	0.219
24	地榆	−0.075	0.448
25	红花百里香	−0.146	0.583

3.3 蚁穴分布与植物生物量回归统计

经过 VIF 共线性检验后，我们筛选出瓦松、达乌里芯芭、蒙古白头翁、糙隐子草、柔毛蒿、冷蒿、棘豆、寸草八种植物的总生物量作为自变量参与建模，得到了逐步回归后的模型结果，见表 1–12。

表 1–12 回归模型系数统计分析表

模型	回归系数	参数标准差	标准系数	T 值	P 值
常量	1.829	0.306	/	5.984	0.000
瓦松	0.019	0.013	0.114	1.481	0.141
达乌里芯芭	0.179	0.115	0.219	1.563	0.121
蒙古白头翁	−0.063	0.039	−0.125	−1.605	0.111
糙隐子草	−0.703	0.386	−0.154	−1.822	0.071
柔毛蒿	0.047	0.025	0.174	1.906	0.059
冷蒿	0.060	0.027	0.392	2.179	0.031
棘豆	−0.062	0.026	−0.238	−2.396	0.018
寸草	−0.063	0.018	−0.297	−3.403	0.001
		R^2=0.358			

通过表1-12的分析结果我们可以看出，T列是上述八种植物总生物量的回归系数T检验的统计量，又由P值可以看出，冷蒿、棘豆有统计学差异，寸草和常数项有极其显著的统计学差异。因此我们可以得到因变量蚁穴数量与多个自变量即多种植物总生物量的回归方程为：

$$Y = 1.829 + 0.019X_{瓦松} + 0.179X_{达乌里芯芭} - 0.063X_{蒙古白头翁} - 0.703X_{糙隐子草} + 0.047X_{柔毛蒿} + 0.060X_{冷蒿} - 0.062X_{棘豆} - 0.063X_{寸草}$$

从上述回归方程我们可以看出，蚁穴数量与瓦松、达乌里芯芭、柔毛蒿和冷蒿的生物量大小成正比，同蒙古白头翁、糙隐子草、棘豆和寸草的总生物量大小成反比，而通过表1-12中各种植物标准系数的比对可以得到，冷蒿、寸草和棘豆是对蚁穴数量影响最大的三种植物，且结果显著，这一结果与相关性分析所得结果一致。

3.4 蚁穴分布与植物多样性相关性分析

对植物多样性指数与样方中的蚁穴数量进行了相关性分析，Shannon–Wiener多样性指数的相关系数为0.157，$P=0.080$；Simpson多样性指数的相关系数为0.165，$P=0.067$。尽管P值均大于0.05，但在小尺度（1 m×1 m）上，蚁穴空间分布与植物多样性倾向于具有正相关性。

之后扩大尺度到5 m×5 m样方，发现在大尺度上，P值均大于0.05，无显著意义，蚁穴空间分布与植物多样性无相关性，见表1-13。

表1-13　各样方中植物多样性指数和蚁穴数量的相关性分析

植物多样性指数	样方编号 1	2	3	4	5	相关系数	P值
Shannon–Wiener	2.162	2.207	2.174	2.271	1.973	−0.800	0.107
Simpson	0.841	0.870	0.847	0.871	0.825	−0.680	0.210

4. 讨论

本次研究通过收集贝加尔湖地区样方中植物和蚁穴的相关数据，试图建立植物的数量以及生物量与蚁穴位置和数量的相关关系模型。研究结果显示，在5 m×5 m的尺度上，光亮黑蚁的蚁穴分布多呈现随机分布，偶尔也有集群分布。蚁穴空间分布格局会随着植被和土壤条件等一系列生态因子的变化而发生变化，当地表环境及土壤环境更有利于蚂蚁的筑巢定居时，蚁穴的聚集程度会增大，更趋向于集群分布[6]。

蚂蚁作为地球上分布最广、种类和数量最多的社会性昆虫，有着有序的社会组织生活和高效觅食策略。为了保持高效的觅食策略，面对分布不同的食物资源，蚂蚁会调整其觅食策略乃至筑巢位置。如果说植物的分布可能受水分土壤等环境因素的影响较大，那么动物的分布可能受到食物资源的影响更大，所以蚁穴的分布与各种植物的分布相关联。而在此次调查中，我们发现植物多样性以及大部分植物对蚁穴的影响较小，几乎不存在显著关系，但冷蒿、寸草、棘豆三种植物的总生物量与附近蚁穴的数目有较为明显的相关关系。

其中冷蒿的生物量与蚁穴数量呈正相关，经过分析认为可能是由以下三个因素造成的：（1）冷蒿的特性使其吸引了更多的昆虫[20]，为光亮黑蚁提供了充足的食物来源；（2）冷蒿的根系结构使得根际土壤生态系统稳定性强[21]，适合蚂蚁的活动；（3）冷蒿与光亮黑蚁之间存在互利关系，某些植物的种子表面覆盖有吸引蚂蚁的营养体——油质体[1, 22]或者通过其他特定的结构提供食物来吸引蚂蚁，而蚂蚁会对植物进行保护作为回报，阻止或减少除蜜露昆虫以外的其他植食性动物对植物的取食和破坏，冷蒿可能具有这样的特性，所以蚁穴的数量与冷蒿的总生物量呈正相关[23]。

另外，寸草和棘豆的总生物量与附近蚁穴的数目呈负相关，这主要是由这两种植物所具备的不宜与光亮黑蚁形成互惠共生关系的特性所决定的。光亮黑蚁已经和同翅目动物进入了营养共生阶段，它会收集来自同翅目动物的蜜露，即同翅目动物获取自己的食物后从消化过程中排泄出来的营养物质[24]。而棘豆整株被毛，起一定抗虫、抗寒作用，也可降低适口性[25]，并且含有多种有毒的生物碱成分[26]，所以不吸引同翅目昆虫，也就使得光亮黑蚁的巢穴分布与这两种植物呈负相关。

蚁穴空间格局与植物的关系鲜有研究，此研究为动植物的相互作用提供了一定的研究思路。未来的研究可以进一步增加样方，覆盖更为完全的植物种类，从而能够更好地消除随机误差。其次，本研究建立在 1 m × 1 m 的尺度之上，而关于物种的空间分布格局是随机还是集群，还是需要建立在多尺度上，所以需要更进一步在考虑尺度效应情况下在不同大小的尺度中研究蚂蚁巢穴的空间格局分布[19]。

■ **参考文献：**

[1] 张智英. 蚂蚁与舞草互惠共生关系研究[D]. 重庆：西南农业大学，2001.

[2] Davidson D W. The evolutionary ecology of ant-plant mutualisms. andrew J. Beattie[J]. The Quarterly Review of Biology，1986，61（4）.

[3] Davidson D W. The role of resource imbalances in the evolutionary ecology of tropical arboreal ants[J]. Biological Journal of the Linnean Society，1997，61（2）.

[4] Underwood E C, Fisher B L. The role of ants in conservation monitoring: If, when, and how[J]. Biological Conservation, 2006, 132(2).

[5] Andersen A N, Hoffmann B D, Müller W J, et al. Using ants as bioindicators in land management: Simplifying assessment of ant community responses[J]. Journal of Applied Ecology, 2002, 39(1).

[6] 王邵军, 王红, 李霁航. 热带森林不同演替阶段蚂蚁巢穴的分布特征及其影响因素[J]. 生物多样性, 2016, 24(8).

[7] 王瑞, 翟保平, 孙晓洋. 麦田一代灰飞虱（Laodelphax striatellus Fallén）若虫的时空分布[J]. 生态学报, 2007(11).

[8] 张金屯. 数量生态学[M]. 北京: 科学出版社, 2004.

[9] 刘铁山, 岳永杰, 李钢铁, 等. 浑善达克沙地丘间低地3种典型群落空间点格局研究[J]. 内蒙古林业科技, 2019, 45(2).

[10] Greig-Smith P. Quantitative Plant Ecology[M]. California: University of California Press, 1983.

[11] 段青玲, 李耕, 姜立, 等. 密度对蚁群自组织聚集的影响[J]. 北京师范大学学报(自然科学版), 2017, 53(3).

[12] Seifert B. The "Black Bog Ant" Formica picea NYLANDER, 1846—A species different from Formica candida SMITH, 1878(Hymenoptera: Formicidae)[C]. Myrmecologische Nachrichten, 2004, 6.

[13] Ripley B D. The second-order analysis of stationary point processes[J]. Journal of Applied Probability, 1976, 13(2).

[14] Baddeley A, Turner R. Spatstat: An R package for analyzing spatial point patterns[J]. Journal of Statistical Software, 2005, 12(6).

[15] 潘磊磊, Semyung K, 刘艳书, 等. 沙地樟子松天然林南缘分布区林木竞争、空间格局及其更新特征[J]. 生态学报, 2019, 39(10).

[16] 王平, 李芳, 杨清培, 等. 基于Ripley's K函数和Taylor幂法则的江西省豚草种群空间分布的点格局分析[J]. 植物保护学报, 2019, 46(1).

[17] 王显瑞, 安沙舟. 利用Spearman秩相关系数对草地恢复指导的初步研究[C]. 中国草学会2013学术年会, 2013.

[18] 何荣晓, 雷金睿, 杨帆. 遥感植被指数与植物多样性的相关性及空间分布特征研究——以海口市主城区为例[J/OL]. 广西植物, 2019-09-10.

[19] Chase J M. Spatial scale resolves the niche versus neutral theory debate[J]. Journal of Vegetation Science,2014,25(2).

[20] 于非. 基于MODIS数据的阿勒泰蝗区植被长势及植被与蝗虫的关系研究[D]. 乌鲁木齐：新疆师范大学,2008.

[21] 臧晓琳,张洪芹,王鑫朝,等.放牧对冷蒿根际土壤微生物群落结构多样性的影响[J]. 草地学报,2017,25(5).

[22] Sernander R. Entwurfeiner Monographie der europäischen Myrmekochoren,von Rutger Sernander[M]. Stockholm：Almqvist & Wiksell Boktryckeri,1906.

[23] 张霜,张育新,马克明.保护性的蚂蚁-植物相互作用及其调节机制研究综述[J]. 植物生态学报,2010,34(11).

[24] Novgorodova,A T. Organization of honeydew collection by foragers of different species of ants（Hymenoptera：Formicidae）：Effect of colony size and species specificity[J]. European Journal of Entomology,2015,112(4).

[25] 赵敏,孙敏,丁谦谊,等.青海4种棘豆属植物精细表观特征比较[J]. 草原与草坪,2017,37(3).

[26] 谭承建,刘丽娜,胡毕斯哈勒图,等.黄花棘豆2种生物碱成分的鉴定[J]. 动物医学进展,2015,36(8).

（七）大数据视角下中国游客赴贝加尔湖地区时空分布与现状研究

1. 研究背景

1.1 贝加尔湖概况

贝加尔湖是世界上最大、最深的淡水湖，被称为"西伯利亚之眼"。该湖位于俄罗斯西伯利亚南部的伊尔库茨克州和布里亚特共和国，拥有美丽的风景、奇特的景观和丰富的物种。湖总容积23.6万亿m^3，最深处达1637 m，是世界第一深湖、欧亚大陆最大的淡水湖。湖长636 km，平均宽48 km，面积为3.15万km^2，由地层断裂陷落而成，湖面海拔455 m左右。

随着贝加尔湖旅游声名鹊起，越来越多的中国游客前往贝加尔地区旅游，据统计在2019年1月和2月就有超过36000名游客探访贝加尔湖地区。游客传统上一般分南线与北线进行游览，但随着人数的增多，传统旅游路线已无法满足游客需求。随着互联网的不断发展，游客习惯于在相关的旅游网站与社交媒体上发表评论与游记。根据这些评论与游记，我们可以大体上评判中国游客对贝加尔湖地区旅游业发展变迁与现状的感知。总体而言，中国游客对贝加尔湖风景评价偏向于正面，但缺少对当地基础设施与旅游体验的评价，就我们进行的先期调研反映，贝加尔湖地区基础设施建设速度较慢，在交通状况、网络通畅度和居住条件等方面游客体验可能不尽如人意。本次研究主要聚焦于贝加尔湖落后的旅游接待能力是否遏制了中国游客的增长，并希望就研究结果能给贝加尔湖旅游产业健康发展提出一些建议。

1.2 调研方法

本次研究主要采用的是大数据分析，运用 Python 爬取中国主要旅游网站中用户对贝加尔湖旅游的评论与游记，进行文本分析，结合旅游模型与 GIS 分析，得出贝加尔湖旅游时间与空间变化。

我们主要聚焦于三方面：（1）评估，即贝加尔湖旅游景点演变的客观综合评价；（2）变迁，即通过爬取大数据，分析贝加尔湖地区中国游客的时空分布变化；（3）建议，即提出关于如何在贝加尔湖地区发展旅游业的建议，以便能够满足不断增长的游客需求。

2. 研究理论与方法

2.1 Python 爬取数据

根据现有条件与网络接口情况，考虑到现有的文本分析能力，为了平衡评论与博客数量、质量，在本次研究中，我们着重挑选了新浪博客、携程网、去哪儿网、艺龙与大众点评这五个平台作为数据源网站。本研究使用 Python 设计的分布式爬虫系统。我们按年份和月份搜索社交媒体上的简短评论，旅行笔记。经过爬取，我们在这些网站上共获得 1709 个有效评论。其中，包括新浪网 756 篇博客，携程 400 条评论与 223 条旅游短评，去哪儿网 160 条旅游短评，艺龙 95 条旅游短评，大众点评 75 条评论。

对所爬得的数据进行三方面的分析，主要包括：

（1）对网络文本直接进行内容分析。

（2）使用自然语言处理工具对旅行网站中的文本数据进行爬行和分析，即文本分析。

（3）构建数学模型以分析旅行特征。

2.2 旅游分析模型

（1）季节性强度指数

季节性强度指数主要反映贝加尔湖地区旅游需求强度的变化，其中需求由数据收集的评论数量决定。

$$R = \sqrt{\sum^{n}(x_i-x)^2/12}$$

R 指季节性强度指数，x 是平均需求量；x_i 是该月贝加尔湖旅游需求的年度占比。

R 值趋于零，月度分布越均匀；R 值越高，季节差异越大。

（2）旅游地生命周期理论

旅游目的地有其兴衰的模式，即旅游地的生命周期。在"参与"（involvement）阶段，由于充足的旅游设施供给以及随后的广告宣传，旅游者数量不断增加。在"发展"（development）阶段，旅游者数量增加更快，而且对旅游经营实施控制的权力也大部分从当地人手中转到外来公司的手中。在"巩固"（consolidation）阶段，尽管旅游者总人数仍在增长，但增长的速度已经放慢。至于"停滞"（stagnation）阶段，旅游者人数已经达到高峰，旅游地本身也不再让旅游者感到是一个特别时髦的去处了。而到了"衰退"（decline）阶段，因旅游者被新的度假地所吸引，致使这一行将衰亡的旅游地依靠一日旅游者和周末旅游者的造访来维持其生计。

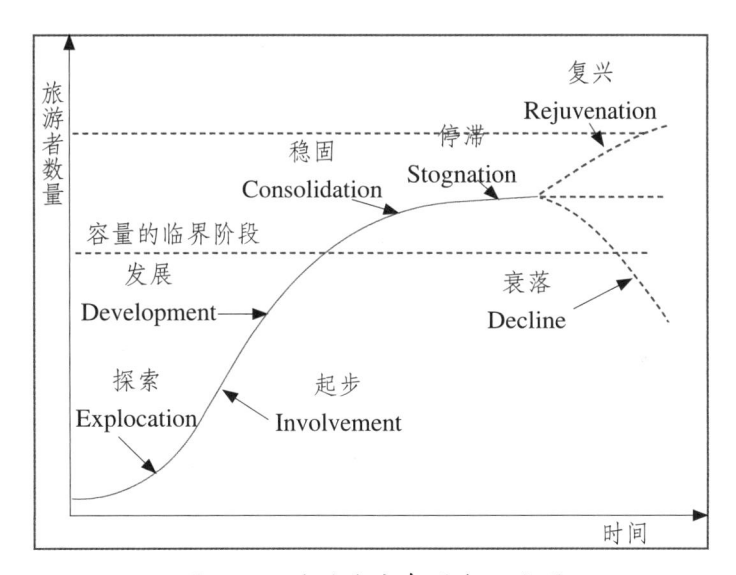

图 1.51 旅游地生命周期理论图

（3）旅游需求预测模型

该模型用于评估贝加尔湖地区的旅游承载力，并根据现有数据进行预测，为贝加尔湖地区的旅游规划和建设提供建议。

旅游承载力是由环境承载力发展而来，结合旅游地服务水平、环境质量等多方面因素，综合评价得来。由实地体验可以得知，贝加尔湖旅游业发展并未跟上其日益扩大的需求，因而可以粗略估计，贝加尔湖地区旅游承载力较低，这对规划提出更高的要求。

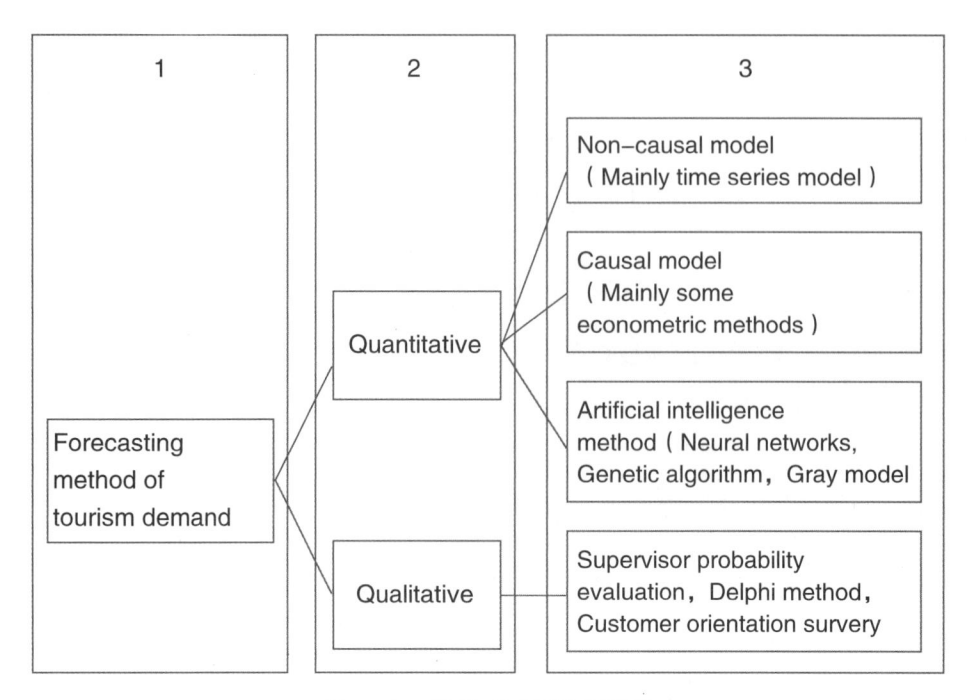

```
                    ┌─ Non-causal model
                    │  (Mainly time series model)
                    │
        ┌ Quantitative ─┼─ Causal model
        │           │  (Mainly some econometric methods)
Forecasting │           │
method of ──┤           └─ Artificial intelligence method
tourism     │              (Neural networks, Genetic algorithm, Gray model)
demand      │
        └ Qualitative ── Supervisor probability evaluation,
                         Delphi method, Customer orientation survey
```

图 1.52 旅游需求预测模型

3. 研究过程与结果

3.1 文本爬取

我们挑选了新浪博客、携程网、去哪儿网、艺龙与大众点评这五个平台作为数据源网站。首先在被爬取网站搜索关键词"贝加尔湖"，得到相关词条的搜索结果。对搜索页面之间的翻页跳转关系进行观察，得出各个页面 url 之间的关系，完成爬虫代码中搜索结果翻页功能的基础实现。

查看搜索页面源代码，发现大部分网站的搜索结果对应文章 url 都能在源代码中找到，少数网站采用了动态网页，需要在 JS 动态请求接口后对请求结果寻找。由于游记的 url 格式比较固定，如携程中关于贝加尔湖的游记 url 统一为"https://you.ctrip.com/travels/lakebaikal4726/*******.html"，"*"代指每篇游记不同部分。因此可以使用正则表达式，定向地选择出网页源代码中的下一级 url。这样，我们就获得了所有与贝加尔湖有关的游记的 url。

打开一篇游记，对网页内容进行审察。这里使用了浏览器插件 xpath helper 进行辅助，这一插件能定位网页中特定元素在这一网页的 html 文本中的 xpath，从而能在爬取过程中定向爬取正文内容。

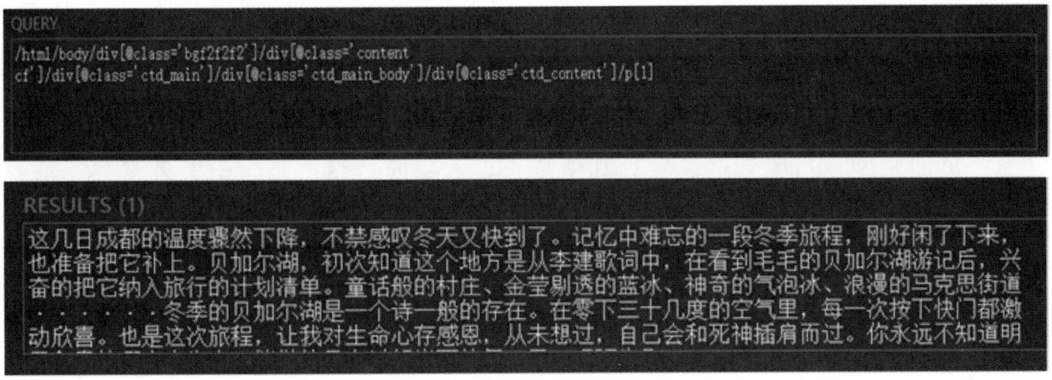

图 1.53　爬取信息

在爬取过程中，我们发现爬取下来的正文中干扰项较多，主要有各种标点、数字以及乱码符号。为了使分词结果更加准确，我们在代码中加入了文本筛选功能，通过判断字符的 unicode 编码，定向地保留出正文中的中文字符部分。

```
import re
import urllib.request
import xlwt
from lxml import etree
import os
def find_chinese(file):
    pattern = re.compile(r'[^\u4e00-\u9fa5]')
    chinese = re.sub(pattern, '', file)
    return chinese

def check_contain_chinese(check_str):
    for ch in check_str.decode('utf-8'):
        if u'\u4e00' <= ch <= u'\u9fff':
            return False
    return True

l=[[],[]]#存放时间、内容
#找博客网址
for i in range(38):#38
    urllist=[]
    url=['http://search.sina.com.cn/?c=blog&q=%B1%B4%BC%D3%B6%FB%BA%FE&range=article&by=article&sort=time&co
    url="".join('%s' %id for id in url)
    content=urllib.request.urlopen(url).read().decode('utf-8',"ignore")

    res = r'< a href="http://blog.sina.com.cn/u/(.*?)" target="_blank">'
    texts = re.findall(res,content)
    for t in texts:
        urllist.append(t)
    print(urllist)

```

图 1.54　部分代码

最后，我们通过 Python 中的 jieba 库对获得的原始文本文件进行分词，完成文本的爬取与预处理阶段。

3.2 词频分析

通过文本分析，对所爬取的大篇幅的游记进行词频统计，获得了以下 12 个高频词汇：

1. 贝加尔湖　2. 奥利洪岛　3. 利斯特　4. 木屋博物馆　5. 喀山大教堂　6. 马克思大街　7. 列宁大街　8. 萨满石、萨满柱　9. 叶尼塞河　10. 安加拉河　11. 胡日尔镇　12. 二战纪念广场

具体频数如表 1-14 所示：

表 1-14　高频词及频数

词汇	频次
贝加尔湖	1151
奥利洪岛	368
利斯特	249
木屋博物馆	143
喀山大教堂	132
马克思大街	105
列宁大街	39
萨满石、萨满柱	113
叶尼塞河	24
安加拉河	257
胡日尔镇	159
二战纪念广场	48

运用高德开放平台 Map Lab 对其进行可视化处理。由于词频提取得到的高频词汇中有部分地名涵盖区域重合，所以通过筛选得到了最后共九处地名，如表 1-15。

表 1-15 筛选后的高频词及频数

所在州	地名	频数
伊尔库兹克州	贝加尔湖	1151
伊尔库兹克州	安加拉河	263
伊尔库兹克州	利斯特维扬小镇	257
伊尔库兹克州	木屋博物馆	147
伊尔库兹克州	喀山大教堂	139
伊尔库兹克州	列宁大街	41
伊尔库兹克州	胡日尔村	165
伊尔库兹克州	萨满石柱	120
伊尔库兹克州	二战纪念广场	48

之后通过 Google 地图找到每个地点的经纬度坐标，要注意的是 Google 地图上获得的都是以度分秒为单位的经纬度，需要将其转化为小数形式，如 52°31′要转成 52.5167。将地名、频数、经纬度制成图表导入平台中，如图 1.55（a）所示。

再通过创建可视化项目得到效果图，即图 1.55（b）。

图 1.55 圆柱高度即词频数，圆柱越高，即此地名提及的次数越多，此地在中国游客的游览路线中越重要。

我们可以看出，游记中提到的贝加尔湖地区只是一个大的范围，并没有预想中的根据游记可以推测出其旅游路线，同时也可以看出对于中国游客来说，贝加尔湖地区

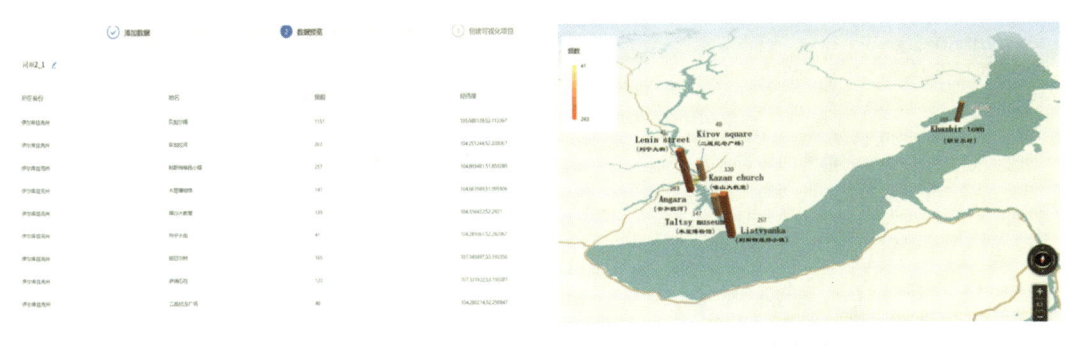

a. 输入界面　　　　　　　　　b. 输出效果图

图 1.55　可视化操作

旅游具体的景点集中在几个岛上，且被提到的景点并不多，更多的可能是在湖畔游玩。根据实地考察，我们发现在伊尔库兹克市区的景点遇到了很多中国人，但实地科考的路途中基本没有遇到中国人，我们去科考的很多地方景色都非常美，但游客很少，甚至本地游客都很少，根本看不到中国游客的身影。优越的自然风光适宜发展旅游业，但是相应的周边服务休闲场所基本没有，并且交通不便，未完工的泥土路面限制了行驶速度且非常颠簸，更大的限制因素是网络信号的不便，在很多地方根本没有信号，更不用说是用流畅的4G网络来导航了，这就限制了很多中国游客偏爱的自驾游的路线。

同时通过图1.55还可以进行旅游学分析。从图上可以清晰地看出，中国游客的贝加尔湖游览路线都是以伊尔库兹克作为中转站，因而，伊尔库兹克的景点具有较高词频统计数。伊尔库兹克作为俄罗斯远东重要城市，也是重要的交通枢纽，去往贝加尔湖的必经之地，在贝加尔湖的旅游发展中是非常重要的一环，在贝加尔湖旅游规划过程中，应该注意伊尔库兹克的相关配套设施建设，并且可以抓住机会带动伊尔库兹克市的旅游业发展。

3.3 关联性分析

对提取出来的词进行关联性分析（如图1.56）：每个节点代表一个旅游景点，节点之间的连接代表不同旅游景点之间的相互关联程度，数字越大，所代表的两个节点一同出现在一篇游记的概率就越大。

关联性分析可以有效分析出两个旅游景点关联程度，即一同被游览的概率。旅游

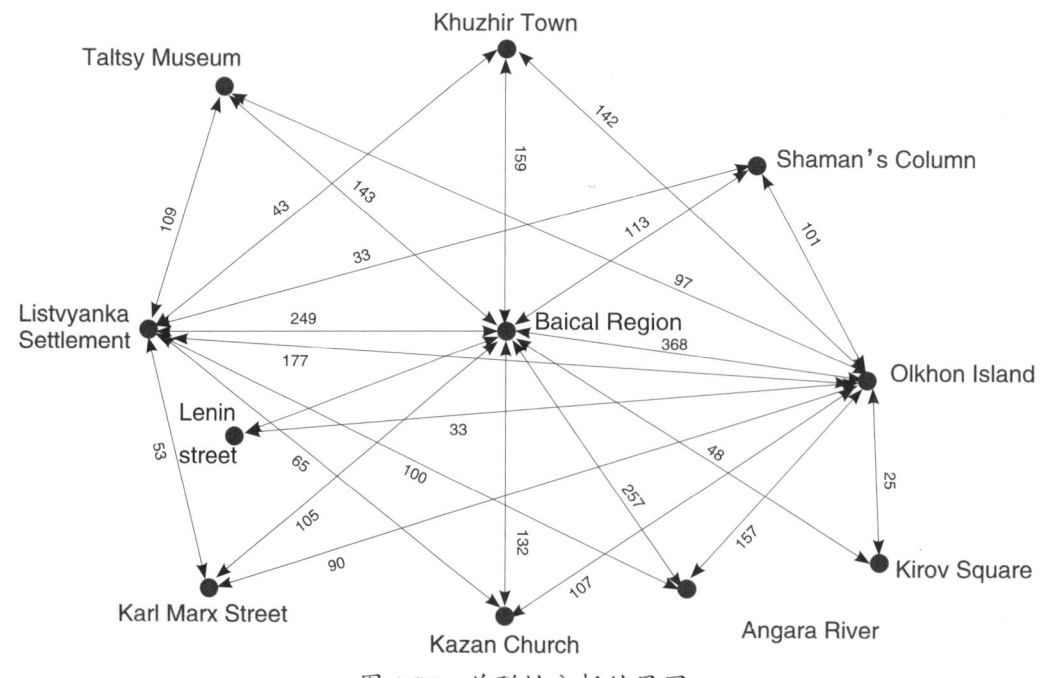

图1.56 关联性分析结果图

样本中旅游景点的频率反映了游客对景区的偏好，共现分布反映了游客对两个或两个以上景点的共同偏好。当游客首先期望的景点附近还有其他旅游景点时，根据时间成本考虑，游客将伴随着地理位置相对较近的旅游景点，以及远离相对较远的景点。它具有显著的距离阻挡效果。而贝加尔湖作为旅游核心景点，对周围景点的发展具有极强的带动作用。以此作为依据，对团体旅游路线开发具有指导作用。同时，也能够为俄罗斯相关旅游产品的开发提供参考，比如两个高关联度的旅游点可以减少相似的纪念品售卖，从而最大程度上进行差异化服务。

我们发现贝加尔湖地区的各个旅游景点虽有联系但分散程度比较大，景点之间距离较远，说明贝加尔湖地区仍是单节点旅游中心，并未发展成多节点旅游中心。但根据实地考察我们认为从单节点向多节点旅游中心地转变的过程中已经有了自然景观的条件，若能加强不同景点之间服务和基础设施建设就有潜力向多节点旅游中心地发展，带动整个贝加尔湖地区旅游业的发展。在伊尔库兹克市内的旅游景点相对集中，应该注重旅游区的规范化管理。

3.4 旅游满意度分析

基于爬取评论的文本分析，进行游客满意度分析，即情感分析。这里的情感分析采用了百度的 senta 库，senta 的开源代码默认使用了 bi-LSTM 模型。将原始文本导入，senta 库自动执行分词操作，再将分词结果套用 bi-LSTM 模型进行情感分析。这个模型包括三层：单词语义层，句子语义层，输出层。（1）单词语义层，主要是将输入文本中的每个单词转化为连续的语义向量表示，也就是单词的 embedding。（2）句子语义层，通过 bi-LSTM 网络结构，将单词语义的序列转化为整个句子的语义表示。（3）输出层，基于句子语义计算情感倾向的概率。

我们结合游客打分。得出如表 1-16 的分数（满分为 1 分）。

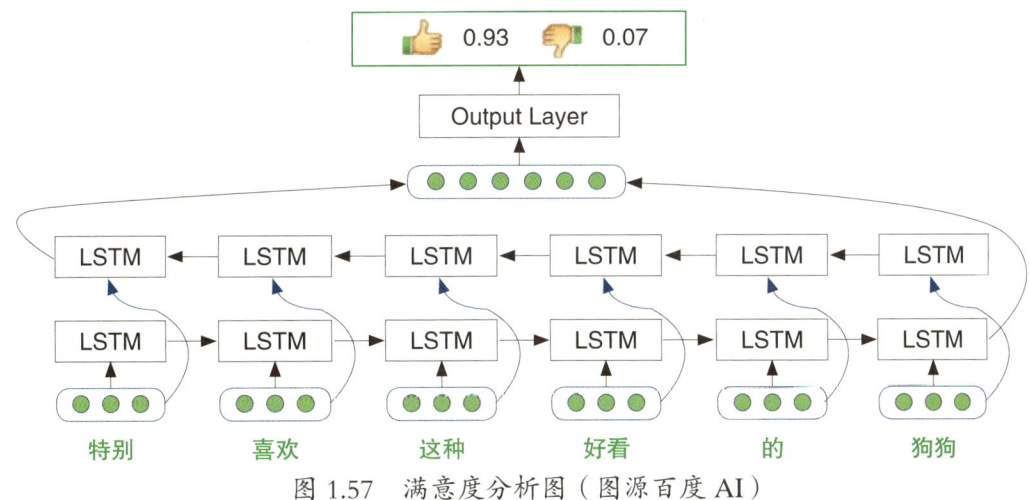

图 1.57　满意度分析图（图源百度 AI）

表 1-16 满意度分数结果

Year	Number of comments	Average score
before 2015	44	0.9
2016	67	0.87
2017	79	0.92
2018	151	0.9
2019	142	0.92

根据以上情感分析结果，贝加尔湖地区的大多数游客都对旅游体验持正面态度，这有效地提升了贝加尔湖地区的声誉，并且这几年来游客对贝加尔湖评价基本保持不变，并未随着人数的增多有大幅变化，说明贝加尔湖旅游产品的核心即其自然景观并未随着接待人数的膨胀而产生较大的质量滑坡，即其环境保护较好。

当然，以上的情感分析具有较大的局限性，如抓取的评论数据较少、网上愿意评论的人并不能有效覆盖全体、满意度打分情况不能细化等因素都制约了我们的研究。考虑到游客评价体系不同，容易出现非常满意与非常失望这样对立的体验，这也是本次研究的缺憾所在。由于贝加尔湖行程问题，未能有效发放问卷，从而获得更加精准的数据，但分数较高，不存在较大方差，因而具有一定的可信度与参考价值。

而差评主要集中于旅游过程中的各种消极感知：（1）坐车颠簸；（2）景色一般；（3）没有好酒店；（4）极寒；（5）交通不便。这也为后续为贝加尔湖旅游产业提出建议提供了参考。

根据实际考察，我们认为贝加尔湖地区最大的优势就是优美的自然风光与多样的自然景观，而缺点也很明显，即缺少有效和合理的规划开发，周边基础设施建设不够完善，休闲娱乐等服务设施也有待提高。

3.5 季节性强度指数变迁

我们根据评论与游记时间整理了不同时间段的数目（如图 1.58），虽然评论与游记存在滞后性，但长时间尺度下，滞后性可以忽略不计。其数量可以从一定程度上反映赴贝加尔湖旅游人数变迁，并由此计算季节性强度指数。

根据季节性强度指数公式，分别计算出 2015—2018 年的季节性强度指数值（如图 1.59），R 值均较小，说明中国游客赴贝加尔湖旅游需求季节性变化较小，无明显淡旺季，不受中国假期影响。且整体呈下降趋势，说明各季节人数差异在进一步减小。

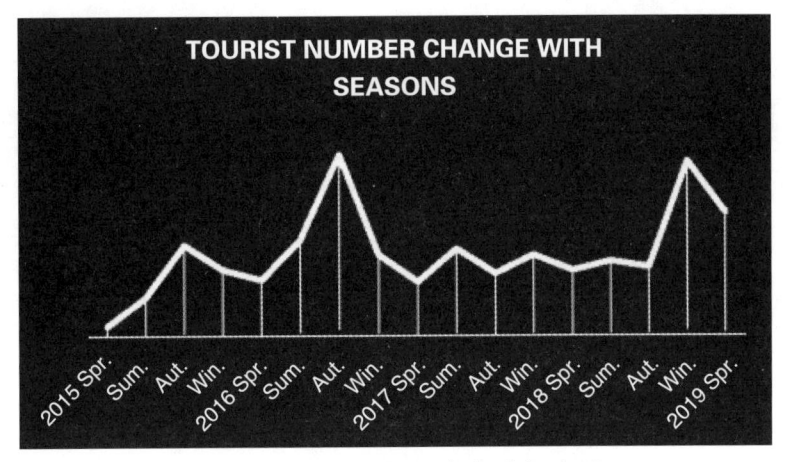

图 1.58　不同时段游客数量折线图

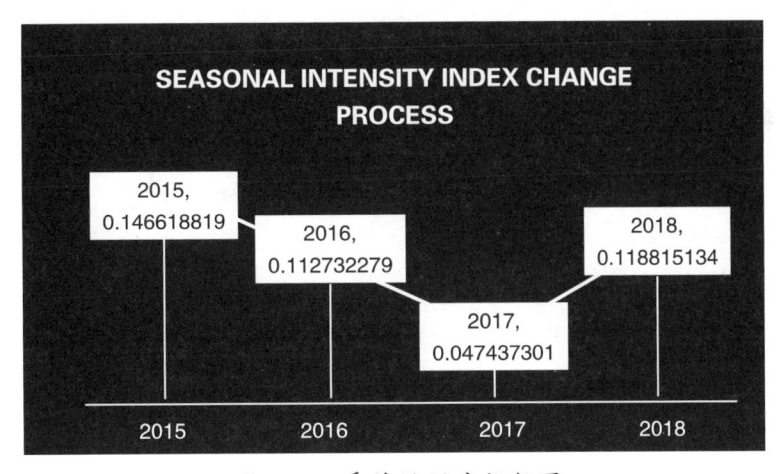

图 1.59　季节性强度指数图

3.6 旅游生命周期评估

根据旅游生命周期理论，贝加尔湖旅游业正处于发展阶段。经过实地考察，我们发现目前有少数规模化的旅游服务设施，但也可以发现，旅游服务设施还很短缺，并且在快速建设过程中还存在相当多问题，比如网络信号相当不稳定且速度较慢，正在施工的道路由于需要开山爆破，明显对当地环境产生一定影响。

旅游承载力是由环境承载力发展而来，结合旅游地服务水平、环境质量等多方面因素，综合评价得来。由实地体验可以得知，贝加尔湖旅游业发展并未跟上其日益扩大的需求，因而可以粗略地估计，贝加尔湖地区旅游承载力较低，这对规划提出更高的要求。同时旅游基础服务设施的开发可能会与环境保护相冲突，因而，在施工过程中应减少对环境影响，避免对生态环境造成无法修复的破坏，保护贝加尔湖独有的地理与地质现象与物种。

3. 研究结论

本次研究主要聚焦于三方面，分别为：

（1）评估，即贝加尔湖旅游景点演变的客观综合评价。

（2）变迁，即通过大数据爬取，分析贝加尔湖地区中国游客的时空分布变化。

（3）建议，即提出关于如何在贝加尔湖地区发展旅游业的建议，以便能够满足不断增长的游客需求。

聚焦于以上三个研究目的，结合研究结果，我们可以得到结论：

近年来越来越多的中国游客到贝加尔湖旅游，但贝加尔湖地区的旅游能力无法满足他们的需求。贝加尔湖以其美丽的风景而闻名，这有助于它在中国赢得良好的声誉。但是，迫切需要解决一些影响旅游体验的问题，否则，无法满足快速增加的游客需求，从而使贝加尔湖这个绝佳的旅游地进入恶性循环，最终陷入衰退，这不仅是游客的损失，也是俄罗斯政府的损失，这将使其失去大笔外汇收入，同时依附于旅游业的大量人员将承担失业与劳动报酬大幅下降的风险，对环贝加尔湖繁荣地区是致命打击。

针对我们发现的问题，提出以下建议：

（1）改善道路状况，开辟新的交通方式。就实地考察而言，在伊尔库兹克东部与贝加尔湖之间由于地广人稀，现有公路能满足需求，但伊尔库兹克市内交通不够便利，对游客不够友好，公交系统新旧交织，有的公交没有英语或中文播报，增加了外国游客的出行难度。

（2）根据景点相关性设置新的旅游线路和旅游区域，虽然贝加尔湖以自然风光著称，且偏向休闲疗养，但如果没有新的旅游线路投入，难以吸引一般游客二次游览与自发的宣传活动。

（3）发展伊尔库茨克旅游产业，由数据分析发现伊尔库茨克是贝加尔湖旅游的主要中转站，随着赴贝加尔湖游客的增多，对伊尔库兹克有明显的带动效应，如果能合理开发伊尔库兹克的旅游产业，可以将其打造成另一个旅游节点，从而形成区域内的多节点旅游模式，对区域性旅游有良性促进作用。

（4）立法促进当地旅游业发展，并且聚焦环境保护。在贝加尔湖某些地段，由于过度开发已造成特有地貌的破坏。过多的垃圾残留与环境破坏也遭到当地居民的反对，甚至有在贝加尔湖旁制造矿泉水的中国企业因民间压力而关闭。

■ **参考文献：**

[1] Buhalis D, Law R. Progress in information technology and tourism management: 20 years on and 10 years after the Internet — The state of etourism research[J]. Tourism Management, 2008, 29（4）.

[2] Sigala M, Christou E, Gretzel U. Social Media in Travel, Tourism and Hospitality: Theory, Practice and Cases[M]. Fanhamn: Ashgate Publishing, Ltd, 2012.

[3] 梁增贤, 保继刚. 主题公园黄金周游客流季节性研究——以深圳华侨城主题公园为例[J]. 旅游学刊, 2012, 27（1）.

[4] 何颖怡, 麻学锋. 武陵源与黄龙洞景区客流量倒"U"结构成因及机制分析[J]. 经济地理, 2014, 34（5）.

[5] 张铁生, 孙根年. 旅游地客流量峰林结构及成因探析——湖南凤凰入境旅游与国内旅游的比较[J]. 旅游科学, 2014（1）.

[6] 黄潇婷, 马修军. 基于GPS数据的旅游者活动节奏研究[J]. 旅游学刊, 2011, 26(12).

[7] 黄潇婷. 基于时间地理学的景区旅游者时空行为模式研究——以北京颐和园为例[J]. 旅游学刊, 2009, 24（6）.

[8] 张子昂, 黄震方, 靳诚, 等. 基于微博签到数据的景区旅游活动时空行为特征研究——以南京钟山风景名胜区为例[J]. 地理与地理信息科学, 2015, 31（4）.

[9] 安娜. 贝加尔湖旅游资源的保护性开发研究[D]. 沈阳：沈阳师范大学, 2016.

[10] Kirillov S, Sedova N. Problems and prospects for tourism development in the Baikal region[J]. Ecology and Environmental Protection, 2014（14）.

[11] Каплина Д.В. Туристический потенциал южного побережья Байкалаю[J]. Иркутский аграрный университет, 2017.

[12] 钱炜, 唐开康. 旅游产品的不可替代性及其对策研究[J] 北京第二外国语学院学报, 1994（6）.

[13] 朱孔山. 旅游产品及其市场营销问题[J]. 地域研究与开发, 1998（6）.

[14] 孙永龙. 论旅游市场的季节性特征及应对策略——以甘肃省为例[J]. 特区经济, 2006.

[15] 唐晓芬. 顾客满意度测评[M]. 上海：上海科学技术出版社, 2001.

[16] 国家质检总局质量管理司, 清华大学中国企业研究中心. 中国顾客满意度指数指南[M]. 北京：中国标准出版社, 2003.

[17] 刘新燕, 刘雁妮, 杨智, 等. 构建新型顾客满意度指数模型[J]. 南开管理评论,

2003，5（6）.

[18] 冯玮.中国出境旅游现状及其未来发展思考[J].经济地理，2005（2）.

[19] 宋慧林，吕兴洋，蒋依依.人口特征对居民出境旅游目的地选择的影响——一个基于TPB模型的实证分析[J].旅游学刊，2016，31（2）.

[20] 戴林琳.出境旅游中危机事件的影响分析及其应对策略[J].旅游学刊，2011，26（9）.

[21] 谢婷.出境旅游安全保障的相关措施[J].旅游学刊，2011，26（7）.

[22] Yang Y, Wu X. Chinese residents' demand for outbound travel: Evidence from the Chinese family panel studies[J]. Asia Pacific Journal of Tourism Research，2014，19（10）.

[23] Moutinho L，Huarng K H，Yu H K，et al. Modeling and forecasting tourism demand: The case of flows from Mainland China to Taiwan[J]. Service Business，2008，2（3）.

[24] Cortésjiménez I，Durbarry R，Pulina M，et al. Estimation of outbound Italian tourism demand: A monthly dynamic EC-LAIDS model[J]. Tourism Economics，2009，15（3）.

[25] Seetaram N. Estimating demand elasticities for Australia's international tourism[J]. Tourism Economics，2011，18（5）.

[26] Chan F，Lim C，Mcaller M. Modelling multivariate international tourism demand and volatility[J]. Tourism Management，2005，26（3）.

第二章
中法阿尔卑斯大地学国际科考与科研训练项目

南京大学在建设"双一流"大学的背景下，大力推进国际化进程，不断进行新的努力和尝试，开创了中国大学生境外实践教学的先例。自2008年起，组织了第一次"中—法西阿尔卑斯大地学联合实习"，多年来不断开拓创新，积累经验。2018年7月16—28日，在南京大学和奥尔良大学多位优秀教授的指导下，实习队伍第四次进入法意边境的西阿尔卑斯山区，南进北退，翻山越岭，行程万里。

阿尔卑斯不仅是世界著名的旅游胜地，更以地球科学的创新理念研究而闻名于世。很多地球科学的基本概念、基础理论创立于阿尔卑斯山，每年吸引了众多世界各地的地球科学家到此工作，是教学和开展创新研究的天然实验室。组织本科生前往世界地学研究的经典地区进行野外实习，对培养大学生早日投身地学研究、提高教学质量和大学生综合素质具有积极意义。

◆ 第一节 科考行程

2018年度的中法阿尔卑斯大地学国际科考与科研训练项目整体工作划分为前期准备、境外科考、后期整理三个阶段。

（一）前期准备阶段：2018年4月—7月15日

为了野外实习的顺利进行，事前的充分准备是必不可少的。自2018年4月实习队伍名单公布，全体成员便立即投入到紧张的准备工作中。同学们先是根据实习指导书，利用课余时间学习了西阿尔卑斯地区相关地质背景和地质知识，对实习区的情况有了一个初步的了解。

5月，同学们与带队老师朱文斌老师、王先彦老师、王栋老师进行会面，并且听取朱老师对野外实习注意事项的讲解。6月，同学们邀请舒良树教授介绍法—意阿尔卑斯造山带地质与构造简介。

7月，考察队伍进行了六天的集中培训。朱文斌老师精心准备了关于构造分带、沉积演化以及地质专属名词研读的翻转课堂，不仅详细解释了西阿尔卑斯各带的构造与

演化，还为包括两名优秀高中生在内的每一位同学提供了用英文展示的机会，大家从讨论中发现问题、提出问题并积极在各类资料中寻找答案。此外，地理与海洋科学学院的王先彦老师也为大家阐述了阿尔卑斯地区的水文及生态系统，该地区植被、水文、季风、温度等特征相互联系又相互影响，有时还会与岩石、构造等相关联，两位老师通过严谨的叙述与丰富的图表摘要激发大家思考的潜力。

图 2.1　团队会面座谈　　　　　　　　　图 2.2　集中培训 - Ⅰ

图 2.3　集中培训 - Ⅱ　　　　　　　　　图 2.4　集中培训 - Ⅲ

（二）境外科考阶段：2018 年 7 月 17 日—7 月 28 日

2018 年 7 月 17 日，阿尔卑斯科考团从南京大学仙林校区出发，于 7 月 17 日巴黎时间 6：00 降落在法国戴高乐机场。7 月 18 日上午，法方的 Faure 教授为我们进行了两个半小时的授课。Faure 教授精神矍铄，他热情地介绍了阿尔卑斯造山带的构造、分区、岩性和地质历史，并简要说明了本次实习的观察内容。

图 2.5 Faure 教授授课

图 2.6 中法阿尔卑斯大地学国际科考与科研训练项目

7月19日—25日为期八天的野外实习，我们翻过高山，越过沟谷，感受冰川，在长达2700 km的路途上，见识了无数值得用心体会的地质现象。在Chenaillet，200 Ma B.P. 的大洋如今已变成高高隆起的山脉，从斜长花岗岩、辉长岩、辉绿岩墙到枕状熔岩，我们一路攀登、一路观察，一步步揭开大洋消失的奥秘，从蛇绿岩套中看到里居罗－皮蒙特洋曾经存在的痕迹；在非洲板块的伊夫雷带，漫长的历史过程中二辉橄榄岩、角闪岩、碱性花岗岩、麻粒岩从地幔、下地壳被带到我们现在走过的路边；在勃朗峰湛蓝的冰川世纪中，每一颗气泡倾诉着它们出现时的温热。它们诉说着，我们倾听着，造山运动将故事留在阿尔卑斯山，我们也将足迹留在了这里。

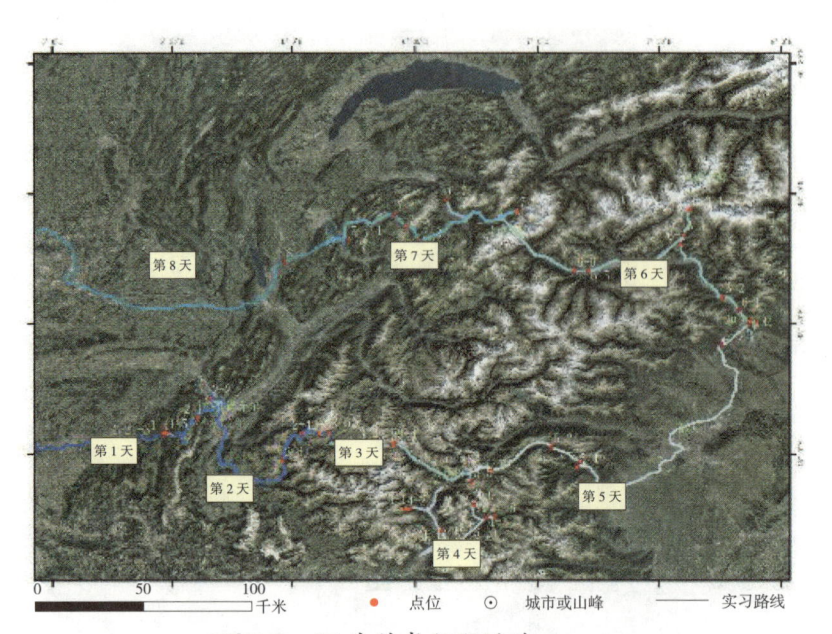

图 2.7　野外科考行程路线

图 2.8　野外考察 - Ⅰ

图 2.9　野外考察 - Ⅱ

地学的"野外法则"——观察与记录。每一个地质结果的得出都是建立在对地质现象的仔细观察与认真记录之下。每抵达一个观察点，通常会先观察该地的大体地质情况，判断地质构造的有无，之后会用罗盘测量岩层的产状等信息，接下来判断岩性，对于细微之处还会用放大镜来进一步观察与确定准确的岩石信息。有时也会通过远远眺望来观察大型的地质构造。仔细地观察之后，依托于已学到的知识和各位老师的讲解，我们会认真记录下这一观察点的地质现象，同时辅以一系列图件来加深理解。翔实的野外记录不仅为晚上同学之间的讨论提供了足够的地质信息，更是为后续一系列地质结果的印证与得出打下了坚实的基础。在此过程中，我们深刻体会到地学人就是要走进自然，因为自然，才是所有故事开始的地方。

紧张的野外实习结束了，迎接同学们的还有最后一项挑战，就是最后的总结汇报工作。26日回到奥尔良，同学们必须在一天的时间里将自己在野外学到的东西进行总结，然后以专题的形式汇报。虽然八天的野外实习很辛苦，但是同学们为了做好报告，仍然坚持挑灯夜战，负责画图的同学将老师在野外画的信手剖面图变成了电子版，并附加了图例；负责写稿的同学把记录本上繁复的文字变成了精美的故事；负责制作PPT的同学将前两者的成果组合成了内容丰富的演示文稿；负责汇报的同学则坚持将几千词的英文稿熟练诵读。

图 2.10　野外观测 - Ⅰ

图 2.11　野外观测 - Ⅱ

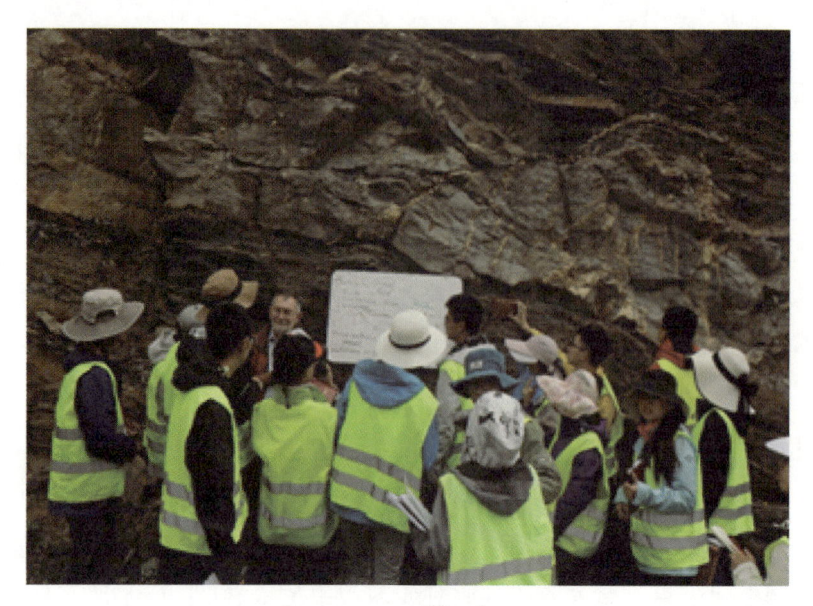

图 2.12　野外教学 - Ⅰ

图 2.13　野外教学 - Ⅱ

27 日 14 点，奥尔良大学地球科学学院的报告厅内，同学们跃跃欲试，把自己用心整理的报告展示出来，Faure 老师和陈岩老师仔细听了同学们的汇报，不断提出有趣的问题，并纠正同学们的一些错误。一开始担心的报告时间不足的问题，在欢声笑语中被完全解决了。经过这次报告，同学们把野外学到的知识经过整理后，真正了然于心，原本三个学院不太熟悉的同学，经过一整天的密切协作后也成为很好的朋友，可以说知识和友情双丰收。

图 2.14　室内汇报 - Ⅰ　　　　　　　　　图 2.15　室内汇报 - Ⅱ

（三）后期整理阶段：2018 年 7 月 30 日—8 月

为了把阿尔卑斯的记忆永远保存下来，同学们没有第一时间回家，而是聚在教室，把野外的笔记和感想，加上照片，编写成内容丰富的实习报告。实习报告分为中英文两册，图文并茂，记述完整。同时，科考团的同学们还制作了宣传视频和宣传册等。

◆ 第二节　科考内容

阿尔卑斯山脉作为横跨欧洲的巨大造山带，西起法国尼斯，东到维也纳，横跨奥地利、法国、德国、意大利、列支敦士登、摩纳哥、斯洛文尼亚和瑞士共 8 个国家。其沿近东西方向绵延 1200 km，宽 130 ~ 260 km，平均海拔 3000 m，是一条朝北西弧形凸出的巨型山系。

对于阿尔卑斯造山带的研究历史已经超过 200 年，无数地质学家在此野外观察测量，提出了前陆、磨拉石、推覆构造、复理石、侏罗山式褶皱、构造床、滑脱构造、阿尔卑斯型超镁铁岩、超高压变质岩等地质学术语与概念，因此阿尔卑斯造山带被誉为地质学理论的摇篮。

从地理学角度来说，阿尔卑斯造山带可以划分为三部分：西阿尔卑斯带（法国—意大利）、中阿尔卑斯带（瑞士—意大利）和东阿尔卑斯带（奥地利）；从构造学角度来说，阿尔卑斯同样也分为三部分：包含侏罗山的外带、内带、代表非洲大陆的奥地利阿尔卑斯带。本次实习区域主要针对地理区域划分的西阿尔卑斯带，我们从法国向东穿越法意边界并在意大利进行了为期一天的观察，实习路线穿越构造划分的外带、内带以及奥地利阿尔卑斯带。

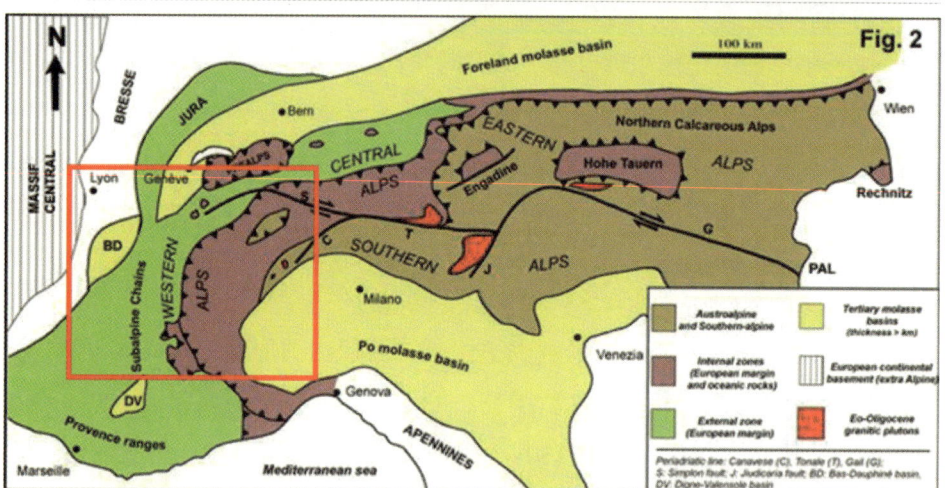

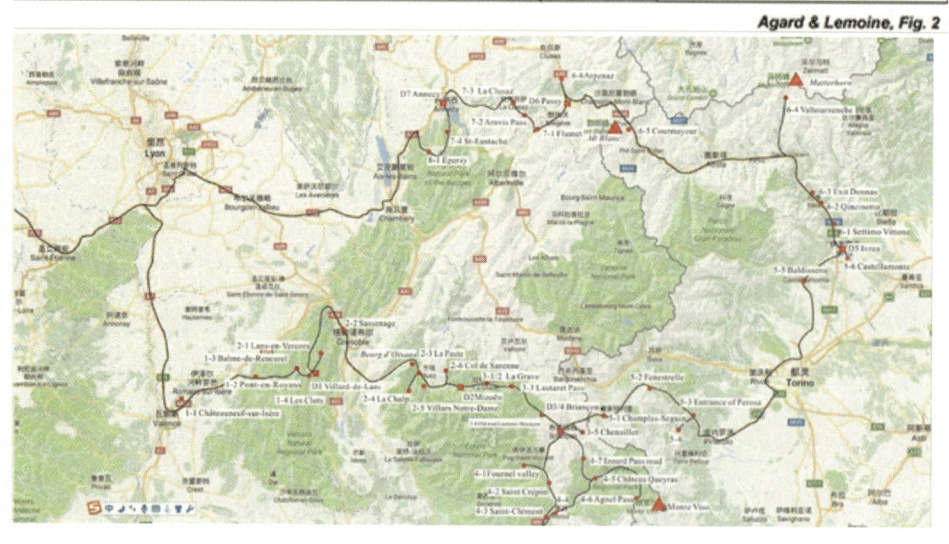

图 2.16　上：西阿尔卑斯实习区域位置示意图；
　　　　　中：阿尔卑斯造山带地质构造分带图（红色方框内为实习区域）；
　　　　　下：实习区域放大后路线示意图

（一）岩石、地层与构造

1. 阿尔卑斯的分带

西阿尔卑斯带被划分为几个构造区域，从西向东依次为：

属于欧洲陆壳的杜飞带（Douphinois zone）、贝杨松带（Branconnais zone）；属于残余洋壳的里居罗—皮尔蒙特带（Liguro-Piemontais zone），其中包括出露的内结晶地块（Inner Crystalline Massif）；属于非洲陆壳的 Ivrea zone 以及归属尚有争议的 Sesia zone；另外还有一些因推覆作用而形成的推覆地体如 Prealps 和蠕虫迹复理石带（the Helminthoid flysch nappes），在本次考察中未有观察。总的构造上，阿尔卑斯构造带的南北两侧分别与 Swiss Basin 和 Po Plain Basin 两个磨拉石盆地相接，具体的西阿尔卑斯两个盆地则在东西两侧。

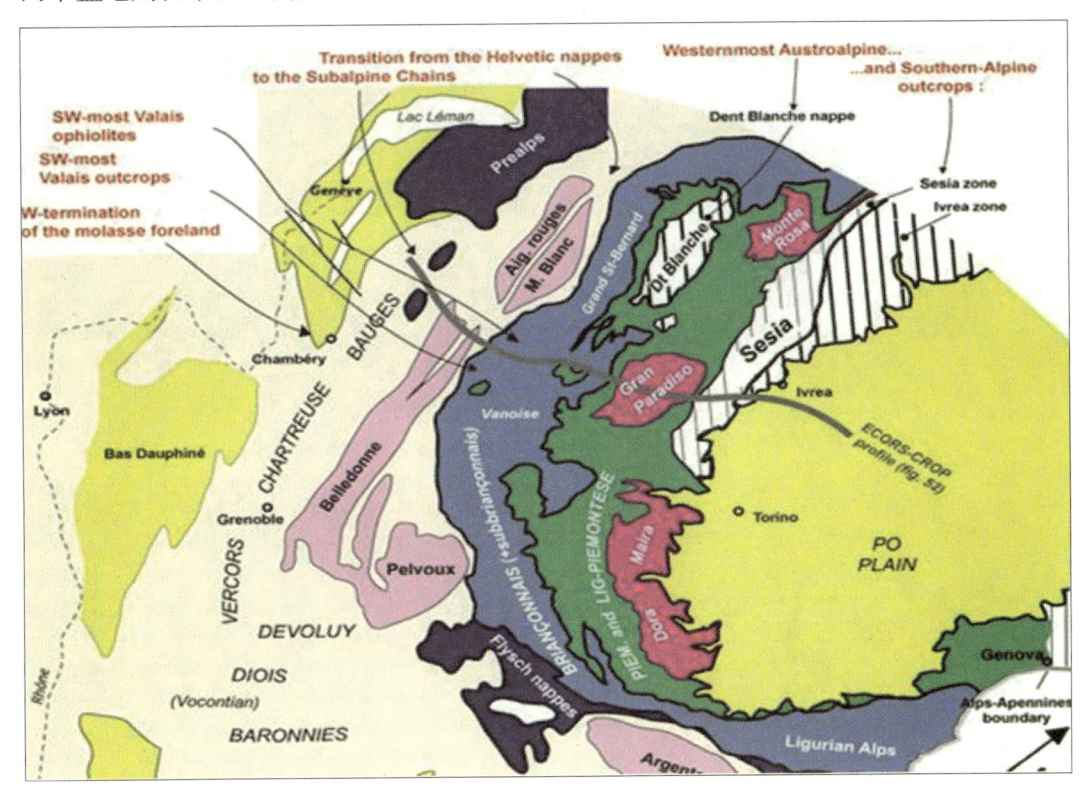

淡黄——杜飞带；蓝色——贝杨松带；绿色——里居罗—皮尔蒙特带；紫色——内结晶基底带；白色——左为 austroalpine 区域，中为 sesia 带，右为 Ivrea 带

图 2.17　西阿尔卑斯分带示意图

2. 中生代—新生代描述（杜飞带、贝杨松带与里居罗—皮尔蒙特带）

2.1 杜飞带（Douphinois zone）

杜飞带位于阿尔卑斯造山带最西部，属于阿尔卑斯外带。其沉积盖层已被褶皱和逆冲变形，但变质较弱。其结晶基底出露在外结晶地块。该带大部分已经被卷入华力

西期造山作用，当然，在阿尔卑斯造山过程中，局部区段可形成韧性剪切带。

A. 三叠纪

下三叠系（T_1）：主要表现为石英砂岩、砂砾岩。观察于 D7-1（Flumet），表现为 T_1 底部的石英砂岩与下部华力西期云母片岩的角度不整合接触。其接触面底部有一层底砾岩，代表了沉积的不连续与剥蚀作用。

值得一提的是，早三叠系的石英砂岩作为上部滑脱构造的基底在 D1-D5 的路线剖

图 2.18　左上：杜飞带 T_1 石英砂砾岩，岩层近水平；
　　　　　左下：华力西期云母片岩，岩层高角度；
　　　　　右上：三叠系底砾岩与华力西期云母片岩角度不整合示意图（图片摄于 D7-1 Flumet）；
　　　　　右下：杜飞带 T_2 白云岩正断层落石（摄于 D2-4 LaChalpd'Ornon）

面上并未看到,其原因是该地区地层为倾伏褶皱,北段为扬起端地层因而高于南段,这使得在南侧的早侏罗系掩盖在地下,地表只有侏罗系与白垩系出露。

中三叠系（T$_2$）：主要表现为白云岩。本次实习区域并未近距离观测原地的白云岩,只是在路上通过远眺观察,并由福赫教授讲解其所处位置。在 D2-4（La Chalpd'Ornon）,我们观测到了因正断层而垮塌下来的垮塌堆积体,其中我们观测到了 T$_2$ 的白云石滚石,表现出刀砍状溶沟这一特征鉴别标准。

上三叠系（T$_3$）：表现为一层石膏层。我们在阿尔卑斯外带盘旋公路上观察到了数次石膏层的出现,表现为具有溶蚀构造的孔洞,石膏层作为特殊的构造岩层与构造演化标志层,具有十分重要的意义。石膏层的出现标志着海水水深的增加：随着海进过程,海水深度增加,并且伴随含盐度的增加,这为石膏层的沉积创造出良好的物质基础。

图 2.19　左上：杜飞带黑色钙质页岩+泥灰岩钙质页岩与泥灰岩互层；
　　　　　左下：方解石脉中的 σ 组构,表示右旋的剪切动向；
　　　　　右上：页岩中后期充填的直立的方解石脉；
　　　　　右下：岩石发生强烈变质变形,原始层面 S$_0$ 已经消失,只能看到 S$_1$
　　　　　（图片摄于 D3-2 La Grave）

B. 侏罗纪

下侏罗系（J_1）与中侏罗系（J_2）表现为钙质页岩与泥灰岩。我们在 D3-2（La Grave）观测到了具有多期变形的早侏罗纪的泥岩与黑色页岩，其原始沉积的层面（S_0）已经观测不到，被后期变形的 S_1 所取代。其多期变形主要体现在石英脉具有不同程度的变形形态，标志着其受到剪切的程度不同。

上侏罗系（J_3）表现为礁灰岩（urgonian limestone）。我们在实习区域的多期逆冲构造与滑脱构造中观测了具有随上下岩层一起变性的褶皱的礁灰岩。

C. 白垩纪

下白垩系（K_1）二分为（K_1^1）与（K_1^2）。

K_1^1 为一层很薄的泥灰岩，并未在实际观测中出露，可以忽略。

K_1^2 为礁灰岩，我们在多个观测点观察到：D1-3（Balme-de-Rencurel）、D1-4（Les Clots）、D2-2（Sassenage）等。

K_2 为泥灰岩。容易形成溶洞，形成喀斯特地貌。

D. 古近纪

在杜飞带主要表现为晚始新世-早渐新世的磨拉石构造。观察于 D1-1（Chateauneuf-sur-Isere）与 D2-1（Lans-en-Vercors）。

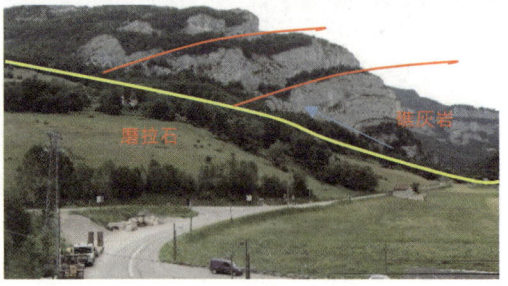

图 2.20　左上：杜飞带白垩纪—古近纪地层，黄色中新世磨拉石，含较多砂砾成分，浅海沉积；
　　　　　左下：晚侏罗世 J_3—早白垩世 K_1^2 礁灰岩；
　　　　　右上：灰色中新世磨拉石；
　　　　　右下：礁灰岩逆冲在磨拉石上

2.2 超杜飞带（Ultra-Dauphinois zone）

超杜飞带表现为厚层任性剪切并沿石膏层滑动的 SE-NW 方向的推附体，并且直接与下部古生界结晶基底不整合接触。其岩性与杜飞带稍有不同，由老到新的岩性为：古生界的砾岩（conglomerate）、泥灰岩（muddy-limestone）、泥灰岩（marl，比 muddy-limestone 含泥量更高）、晚始新世—早渐新世的复理石。观察于 D4-1 Fournel Valley。

图 2.21 超杜飞带晚始新世—早渐新世复理石

图 2.22 福赫教授绘制超杜飞带推覆构造示意图

2.3 贝杨松带（Branconnais zone）

贝杨松带是阿尔卑斯造山带的重要组成部分，位于欧洲板块阿尔卑斯外带与非洲阿普利亚板块之间，属于欧洲板块范围。该带的晚石炭世—始新世中期的沉积盖层均受到强烈的变形，伴有被冲推覆构造。该带不会出露贝杨松外带的晚古生代（华力西期）结晶基底。

A. 三叠纪

下三叠系（T_1）：主要表现为石英砂岩和硅质页岩，具有微弱的变质。石英砂岩中石英成分高达 99%。观测于 D4-4 的 Guil Tectonic Window 西侧。

图 2.23 T_1 石英砂岩与硅质页岩

图 2.24 逆冲断层

中三叠系（T$_2$）：下层岩性为白云岩，顶层为一层石膏，观测于 D4-4 的 Guil Tectonic Window 西侧。

上三叠系（T$_3$）：岩性主要为灰岩、白云岩。同样见于 D4-4 的 Guil Tectonic Window 西侧。但未近距离接触。

B. 侏罗纪

侏罗系地层总体表现为近 10 m 的内碎屑灰岩（nodular limestone），由于其在很短的厚度内出现了相当长时间的化石记录，因此该地层被称为致密地层序列（Condensed series）。

早侏罗系（J$_1$）：地层因无沉积而缺失，表现为沉积间断。

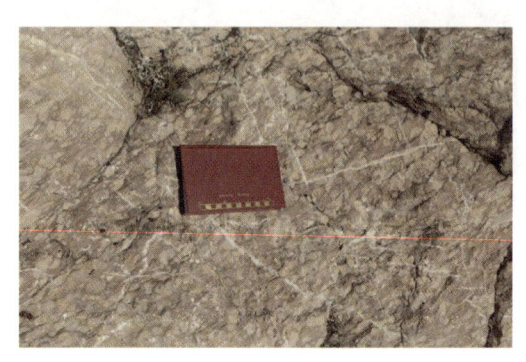

图 2.25　红色内碎屑灰岩

图 2.26　白色内碎屑灰岩
（摄于 D4-2 Saint Crépin）

中晚侏罗（J$_2$-J$_3$）：底部为红色内碎屑灰岩、上部为白色内碎屑灰岩，据 Michel Fature 介绍，这里发现了菊石（ammonite）。观测于 D4-2（Saint Crépin）。

内碎屑灰岩表明了氧化、动荡的水环境。一种解释是由于该处原来处于海底地垒表面，水流湍急，不容易在距离水面近的平面上沉积，因而大量沉积物在当时就被水流带走；另一种解释是该地处于倾斜的大陆边缘台地，化石由于其自身生活方式，依附台地生存下来，因而并未有化石记录的间断。

C. 白垩纪

下白垩系（K$_1$）：为薄层泥岩—泥灰岩。

上白垩系（K$_2$）：为板状灰岩（platy limestone）与钙质页岩。

D. 古近纪

贝杨松带的岩性为中始新世的黑色复理石。

图 2.27　K₂板状灰岩与钙质页岩

图 2.28　黑色复理石
（摄于 D4-2 Saint Crépin）

2.4　里居罗—皮尔蒙特带（Liguro–Piemontais zone）

里居罗—皮尔蒙特带主要为新特提斯洋洋壳的组成物质，因而表现有蛇绿岩套三位一体的岩石序列，蛇绿岩套是一组由蛇纹石化超镁铁岩、基性侵入杂岩和基性熔岩以及海相沉积物构成的岩套，上部为巨厚硅铝质海底沉积物，下部为玄武质岩浆从洋中脊溢出并结晶分异的岩石组合。从上至下的岩性顺序依次为：海相沉积物、枕状玄武岩、席状岩墙、辉长岩、橄榄岩。在后期经过挤压、俯冲、折返变质使得其原岩发生了不同程度、不同类型的变质。

A. 下部为蛇纹岩化的橄榄岩（peridotite）或二辉橄榄岩（lherzolite）。观测于 D5-5 Badissero。

B. 中部为堆晶层序的辉长岩（gabbro），主要是基性斜长石与单斜辉石组成的岩石，是上地幔玄武岩浆侵入地壳中缓慢冷却结晶形成的。为玄武岩同成分侵入岩。

C. 上部为枕状玄武岩（pillow lava）。观测到玄武岩发生了绿泥石化，变质过程为中、低温热液蚀变作用。在围岩蚀变过程中，产生绿泥石的方式有两种：①由铁、镁硅酸盐矿物直接分解而成；②由热液带入铁、镁组分发生交代蚀变而成。

蛇绿岩套的上部为海相沉积物，主要表现有灰岩（limestone）、含放射虫的红色硅质岩（chert）、泥质沉积物等。观测于 D5-1 Chamlas-Seguin 与 D3-5 Chenaillet Ophiolitic Massif。

值得一提的是，本次实习区并未看到完整的蛇绿岩套的组合，因实习区域并未出露辉绿岩墙。辉绿岩墙也是蛇绿岩套中基性侵入岩辉长岩上部的重要组成结构。

在闪光片岩之上为晚白垩纪（K₂）的蠕虫状复理石，生成于洋陆俯冲的海沟中，但在里居罗—皮尔蒙特带并未原地观测到。该种类复理石出露于杜飞带的推附体中，推覆方向为 E-W。观测于 D4-3（Helminthoid Flysch）。

图 2.29　左上：蛇纹岩化的玄武岩上直接覆盖红色含放射虫硅质岩（摄于 D5-1 Champlas-Seguin）；
　　　　右上：辉长岩（摄于 3-5 Chenaillet Ophiolitic Massif）；
　　　　中：枕状玄武岩（摄于 Chenaillet Ophiolitic Massif）；
　　　　下：山脚

2.5 内结晶基底（Inner Crystalline Massifs）

在内结晶基底主要表现为闪光片岩在阿尔卑斯运动时期由于构造变质因素发生了很强烈的变形变质，伴有面理与线理。内结晶基底属于欧洲大陆。在内结晶基底中，中生代的岩石覆盖于古生代正、副变质岩上。

观测到的岩性有二叠纪花岗片麻岩与石炭纪变质砾岩。

图 2.30　左上：福赫教授勾画的贝杨松带—依夫雷带的剖面图；
　　　　　右上：变质砾岩的 S_0 面理面；
　　　　　左下：变质砾岩中拉长的砾石；
　　　　　右下：福赫教授勾画 S_0 与 S_1 关系示意图

2.6 依夫雷带（Ivrea zone）

卡纳维斯线将欧洲板块与非洲板块分割，为两大板块的碰撞缝合线。依夫雷带是非洲板块的部分，底部为富含长英质的麻粒岩基底，其上部为沉积盖层，我们观测到了泥灰岩、云母片岩以及混杂岩。

基性岩、超基性岩以及硅酸盐的沉积物成团块状被分散在多硅白云母片岩（为闪光片岩的一种）中。

其构造成因背景为：在晚白垩纪，硅铝质的泥砂岩（二叠纪）与硅镁质的辉长岩（侏罗纪）随着洋壳俯冲到大陆下，由于温度压力的升高镁铁质岩石变质为榴辉岩相，之后由于一起快速折返使得变质岩出露到地表（部分退变质为蓝闪石，形成蓝闪石片岩）；硅铝质岩石变质为含石榴子石的多硅白云母片岩。

图 2.31　左上：白云母片岩中含有石榴子石、燧石团块（摄于 D6-1 Settimo Vittone）；
　　　　　右上：蓝片岩（摄于 5-2 Fenestrelle, Chambons）；
　　　　　下：云母片岩中含有石榴子石（摄于 Exit Donnas）

之后 sesia 洋壳由于挤压作用被推覆到云母片岩上，洋壳物质由于摩擦掉落在闪光片岩中，其中镁铁物质辉长岩已变质。观测于 D5-2 Fenestrelle，Chambons。

大陆碰撞导致的地壳增厚、地表抬升，导致风化作用加强，使得岩石发生垮塌、堆积，因而岩石成分复杂，围岩为其中含有片麻岩、灰岩、玄武岩、榴辉岩、闪长岩等团块。混杂岩的出现表现了挤压剥蚀的环境。

2.7 奥地利—阿尔卑斯地块（Austro-alpine zone）

奥地利—阿尔卑斯地块由若干推覆体构成，其基底由晚古生代（华力西期）岩浆岩、变质岩组成，其上被中生代沉积岩所覆盖，属于非洲阿普利亚陆块。在新生代，因欧—非板块碰撞，它被构造位移在洋壳亲缘性里居罗—皮尔蒙特单元上。在西阿尔卑斯山造山带，该单元以马特洪峰为代表。马特洪峰是阿尔卑斯山脉的第二高峰，位于意大利境内。

图 2.32 福赫教授勾画出奥地利—阿尔卑斯地块推覆至里居罗—皮尔蒙特带的剖面图

（二）构造与解释

古生代的基底出现于外带与内带。杜飞带出露的古生代岩石大多为云母片岩（D2-6 Col de Sarenne，D3-2 La Grave，D7-1 Flumet），在勃朗峰也出露花岗片麻岩。贝杨松带在南边变质程度较小，有二叠纪的流纹岩和石炭纪的砂岩（D4-4）；在北边出露片麻岩（D6-5 Courmayeur）。我们在内结晶基地观察了花岗片麻岩（D5-3 Entrance of Perosa）和变质砾岩（D5-4 Ponte Battarello）。在古生代，阿尔卑斯山地区留下了华力西期造山带的产物，有沉积岩，也有大量的侵入岩，还有一定量的喷出岩。

三叠纪为浅海到局限台地环境。早三叠世，杜飞带和贝杨松带都沉积了很纯的石英砂岩（D4-4），是稳定被动大陆边缘的开阔浅海环境。三叠纪中晚期，转变为碳酸盐岩沉积（D2-4 La Chalpd'Ornon，D4-4，D4-7 Izoard Pass Road），还有蒸发岩（D4-4 Izoard Pass Road），说明这一时期阿尔卑斯山地区是局限盆地。

侏罗纪存在明显拉张。杜飞带和贝杨松的环境开始分异，里居罗洋出现。杜飞带的侏罗纪沉积较厚，主要是含有箭石化石的泥质灰岩（D2-5 Bourg d'Ornon），是深水盆地。贝杨松的侏罗系只有 10 m 左右厚度，是代表动荡浅水环境的瘤状灰岩（D4-2，D4-4），可能 Briançonnais zone 在侏罗纪是一片水下高地（O. A. Pfiffner，2014）。Liguro-Piemont zone 的蛇绿岩碎块中有侏罗纪的枕状玄武岩（D3-5，Le Chenaillet），还有零星分布的中侏罗世的红色放射虫硅质岩（D3-5 Chenaillet Ophiolitic Massif，D5-1 Chmplas-Seguin），这些洋壳表面的喷出岩和沉积岩的存在，说明在侏罗纪，洋壳已经存在（M. Faure，Y. Chen，2017）。

白垩纪的地层在杜飞带同样有很大的厚度，包括泥灰岩（K_1^1）、礁灰岩（K_1^2）和薄层灰岩（K_2）。在贝杨松带，只有晚白垩世的泥灰岩，但是说明此时水体已经变深。继续向东，在里居罗—皮尔蒙特带，有蠕虫状复理石（helminthoid flysch）（D4-3，已经逆冲到 Ultra-dauphinois zone 附近）和变质形成的"schisteslustres"（D3-5 Chenailleto Phiolitic Massif，D4-5 Chateau Queyras，D5-1 Champlas-Seguin），可能是临近物源的海槽沉积。我们可以想象，可能在晚白垩世，由于大洋向东俯冲，在东边造山。俯冲带着贝杨松带变深，而在大洋里则沉积了大量由东部山地剥蚀下来的碎屑物质。

进入新生代，造山范围越来越大。在始新世，伴随着东部山地的抬升，在西边临近的海槽里沉积了多个时期的复理石（D4-4，贝杨松带中始新世复理石；D4-3 Sant-Clement，D4-1 Fournel Valley，D3-4 Old Road Lautaret-Briancon，超杜飞带的晚始新世复理石；D7-3 La Clusaz，杜飞带晚始新世—早渐新世复理石）。

中新世的时候，随着山地进一步抬升，西部的水体也随之变浅，沉积海相磨拉石（D2-1 Lans-en-Vercors，D8-1 near Mognard）。部分地区还转变为陆地环境，沉积陆相磨拉石（D1-1）。

第三章
中美"人类活动—全球变化"交叉学科国际科考与科研训练项目

　　2019 年度的南京大学中美"人类活动—全球变化"交叉学科国际科考与科研训练项目应运而生,旨在通过学科交叉,多角度理解"人类活动"与"全球变化"的相互影响,结合南京大学和华盛顿大学的优势学科,拓展学生国际视野,激发学生科研热情,提升学生思维水平,增强学生实践能力。此次科考的区域为美国华盛顿州,其生态系统的典型性和综合性;地质构造的独特性和规模性;水气交换的复杂性和区域性;植被覆盖的地带性和异质性;生物物种的丰富性和差异性;科技文明的对比性和时代性;以及实习基地条件的先进性和便捷性,无疑为本次科考提供了绝佳的自然和人文条件。

　　中美"人类活动—全球变化"交叉学科国际科考与科研训练项目是 2019 年度南京大学国际科考与科研训练项目之一。本次与美国华盛顿大学联合实习,重在学科交叉,联合双方优势学科力量,强调"人类活动"与"全球变化"的交互影响,以针对自然

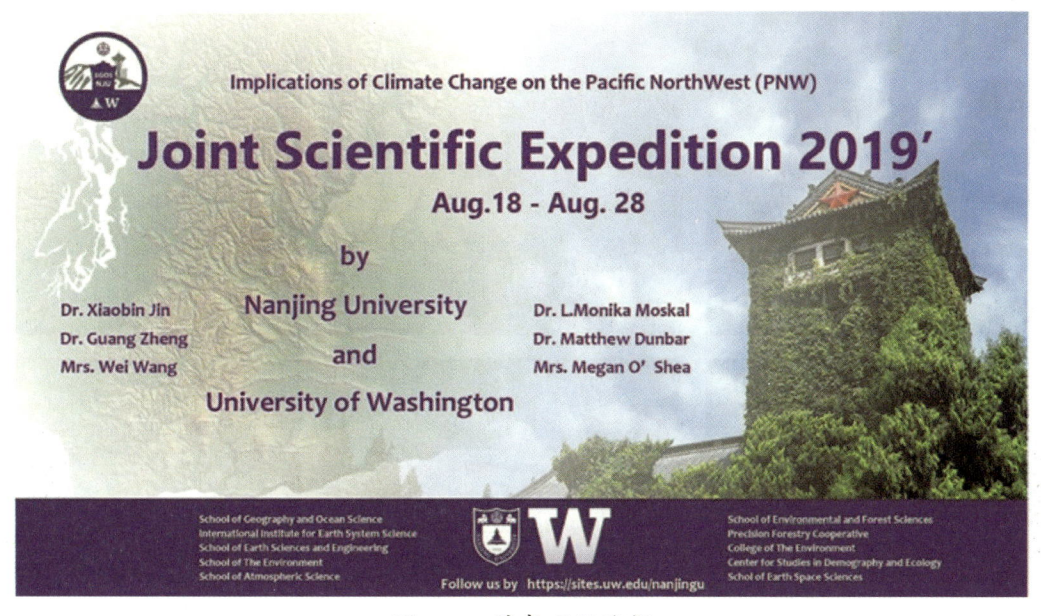

图 3.1　科考项目海报

界的"大气圈—水圈—岩石圈"三圈的物质与能量循环为重点研究对象。此外,将"全球变化"对"人类健康"影响作为实习重点内容之一,充分体现"以人为本"的新科学观和发展观。项目旨在开阔师生的国际视野,锻炼英语学术交流能力,提升学生的学术思维水平和专业动手能力,提高"大地学"学科国际化办学水平,为我校"双一流"建设添砖加瓦。

◆ 第一节 科考行程

2019 年度的中美"人类活动—全球变化"交叉学科国际科考与科研训练项目整体工作划分为前期准备、境外科考、后期整理三个阶段。

(一)前期准备阶段:2018 年 11 月—2019 年 7 月

该项目 2019 年为首次立项,由南京大学地理与海洋科学学院主持承担,由来自南京大学环境学院、大气学院、地球科学与工程学院和国际地球系统科学研究所的师生共同参与。项目的美方合作方是华盛顿大学,双方具有良好的合作基础,2018 年 11 月,华盛顿大学环境与森林科学学院的 Brown 院长和 Moskal 副院长来到南京大学地理与海洋科学学院商讨项目的筹划和开展准备工作。

为便于团队成员更好地掌握此次科考的知识,同时也为更好地服务于后续科考队伍,自 2019 年 3 月起,团队全体成员共同承担宣传工作,宣传平台包括公众号、网页和微博。正式宣传自 4 月中旬开始,覆盖科考全程。

图 3.2 项目筹划会议

1. Logo

我们将南京大学北大楼的图片做成剪影的形状，填充上南大紫，简洁美观，代表了南京这座城市以及南京大学。

背后的灰色图形部分是华盛顿州的标志性景物——雷尼尔雪山和太空针塔；下部的松树和中上方的标识则是从南京大学的校徽中提取而来。

SGOS：地理与海洋科学学院；NJU：南京大学；W：美国华盛顿大学的标志之一。

这些元素彼此呼应，南大和华大，南京与西雅图，呈现了"南京遇上西雅图"的主题。

图 3.3　科考项目 Logo

2. 文化衫

文化衫的设计也是一脉相承的。T恤正面胸前放置了我们的科考 Logo，下面使用了西雅图的水墨风图片，也是以太空针塔为主要景物。T恤背面除了有南京大学的标志之外，在下面也将南京的最高地标——紫峰大厦做了渲染处理，使其与正面图样风格一致，并且调整其高度使其与太空针塔相呼应，使得整体风格和谐统一。

图 3.4　科考项目文化衫设计图

3. 笔记本

本次科考为大家准备的笔记本是我校地理与海洋科学学院的野外实习记录本，砖红色硬壳封面与我校"诚朴雄伟、励学敦行"的校训遥相呼应，同时反映出我院每一代人脚踏实地做科研的热忱之志。

4. 队旗

队旗以南大紫为主题色，包含校徽、项目 Logo、项目名称和科考主题。

图 3.5　科考项目队旗设计图

5. 公众号

公众号名称为"南京遇上西雅图"，意即此次项目主要是南京大学和位于西雅图的华盛顿大学的相遇。公众号自 4 月中旬上线，前期主要是对此次科考项目的内容和行前准备进行介绍；待 8 月下旬科考启程时，将记录每天的科考日志。

6. 网页

网页地址：https://sites.uw.edu/nanjingu/

与公众号一同，作为本项目的两大宣传阵地，将记录本项目从前期准备到科考行程到后期总结的全过程。

图 3.6　科考项目公众号二维码

7. 微博

微博名称：NJU 中美交叉学科国际科考

微博将在科考期间上线，记录此次科考经历，相比于公众号推文，微博的记录更日常、更轻松活泼。

5月，同学们分成了人文、地质、生态三个小组进行课题研究，并从地质、海洋、生态和人文四个角度多方面学习，进行科研训练准备。6月15日，项目启动会在地理与海洋科学学院顺利召开，科考团成员与美方老师进行了首次越洋视频通话，美方的三位老师介绍了此次科考的行程安排、研究内容和行程必备物品等事项，同学们也依次进行了简短的自我介绍。此外，郑光老师邀请了澳大利亚联邦科学与工业研究组织海洋科学博士后吕柯伟和丹麦Aarhus University马子驭博士给科考团作报告，至此，同学们对海平面上升与全球气候变化以及华盛顿州的地理、气候、动植物等科考相关内容有了初步了解。

图 3.7　科考行程路线及主要内容

7月4日上午10：00，"南京大学2019年国际科考与科研训练项目联合出征仪式"在南京大学会议中心顺利举行。美国之行前的准备暂时告一段落，同学们做好了准备，只待上路，一探究竟。

（二）境外科考阶段：2019年8月18日—8月28日

Day1

早上抵达SEATAC，开车前往位于雷尼尔雪山脚下的Pack Forest研究中心，通过讲座了解整个旅程的地质概况和每日安排。

Day2

在 Mount Rainier National Park（瑞尼尔/雷尼尔山国家公园），考察喀斯喀卡山脉的雷尼尔活火山的地质地貌、火山岩类型、构造地貌、断层等；记录其植被的垂直地带性分布（积雪、冰川、高山草甸、针叶林和原始老生雨林等）。

Day3

在 Mount Rainier National Park（瑞尼尔/雷尼尔山国家公园），了解西雅图的水文学相关内容，理解水分和物质能量由于地形、风速、风向等因素的影响进行水平与垂直运移的原理。

Day4

开车前往奥林匹克自然资源中心（ONRC），行程中了解小工业城市的繁荣与萧条，在阿伯丁小城（Aberdeen）聆听关于木材业的讲座。

Day5

在奥林匹克自然资源中心考察植被分布的空间异质性及其树种垂直分布、立地条件等方面的差异，聆听 ONER 董事 B. Bernard 的讲座。

Day6

前往奥林匹克自然资源中心（ONRC）的 Hoh 雨林，了解华盛顿州奥林匹亚半岛温带雨林的地质构造、沉积与地貌，以及雨林的空间分布与主要构成。

Day7

返回西雅图，参观波音公司；针对全球气候变化与人类活动，就华盛顿大学正在进行的全球气候变化方面的研究，从不同学科角度进行剖析和讨论。并结合中国的快速城市化进程，探讨人类活动、经济发展、全球气候变化三者的内在联系和交互作用。

Day8

在华盛顿大学，参观研究中心的定点生态观测站，了解利用"空—天—地"一体化的研究手段进行地表综合观测，现场实地进行主被动多源遥感数据的获取和数据处理分析，理解陆地生态系统的"大气圈—水圈—陆地圈"的碳水物质能量循环过程及其影响因素；基于遥感数据进行 Wind River 研究中心的地形、坡度、植被空间分布的区域制图。

Day9

学生小组汇报，交流此次旅程所学所想。

Day10

返程。此次旅程结束。

（三）后期整理阶段：2019 年 8 月 29 日—9 月

整理科考资料，完善前期编制完成的《南京大学—华盛顿大学"人类活动—全球变化"交叉学科国际科考与科研训练项目手册》，并编写内容丰富的实习报告。

◆ 第二节　科考内容

本项国际化实习项目主要考察气候变化对西北太平洋的影响（Implications of Climate Change on the Pacific Northwest），拟通过大地学联合的方法，与美国华盛顿大学的师生一同实地考察位于美国华盛顿州的落基山脉，考察"大气圈—水圈—陆地圈"交互作用形成的自然景观现象；利用"空—天—地"立体化观测手段和生态模型揭示不同类型生态系统的过程、机理和格局的内在规律；进而深刻理解综合地质、地理、气象、生态、环境、经济和人文等学科阐明"人类活动与全球变化"内在过程和机理的必要性。

科考的地点位于美国西北地区的华盛顿州，该地有着丰富生态系统类型（冰川、火山、雨林、海洋、草甸），为科学考察与科研训练提供了绝好的自然条件。此外，在华盛顿州，外来族裔与印第安土著居民共存，在文化碰撞的同时，发达的现代科技与优秀的传统文化又呈现出共同发展的和谐局面，为研究"人类活动与全球变化"提供了良好的人文基础。

为了实现多学科交叉研究，考察内容涵盖了多样化的地质构造、丰富典型的生态系统及现代化的高科技文明，本项目依托华盛顿大学及其两个实验基地（UW-Seattle，UW-PF，UW-ONRC）设计了 4 条经典线路，将各生态系统类型串联其中：①在 Pack Forest 基地，到 Mt. Rainier National Park 考察雪山和湿地及其生物物种和植被覆盖特点；②从 Pack Forest 驶向 ONRC 的途中，经过 Ruby Beach 考察温带雨林特点和海岸地貌（比如海蚀柱和海蚀崖）；③在 ONRC 基地，到 Hoh 温带雨林，感受温带雨林生物多样性及其景观特色，实地考察不同管理策略条件下的森林采伐样地；到印第安保留区，感受 Makah 文化，并在 Makah National Fish Hatchery 考察胡安·德·富卡海峡（Strait of Juan de Fuca）的海蚀地貌；④在西雅图，在 UW Arboretum 感受社会、经济、科技等方面实现人与自然和谐相处，到 Gas Works Park 考察其土地综合整治与生态修复，到 Ballard Locks 考察三文鱼洄游。

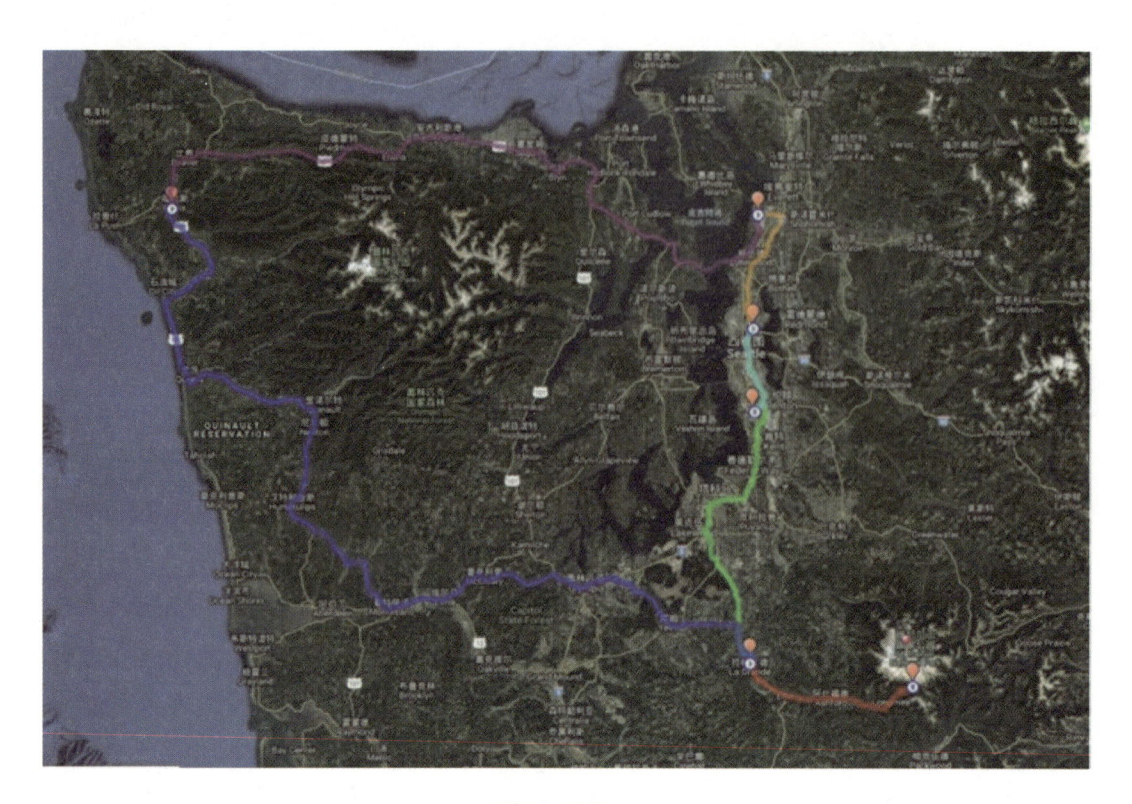

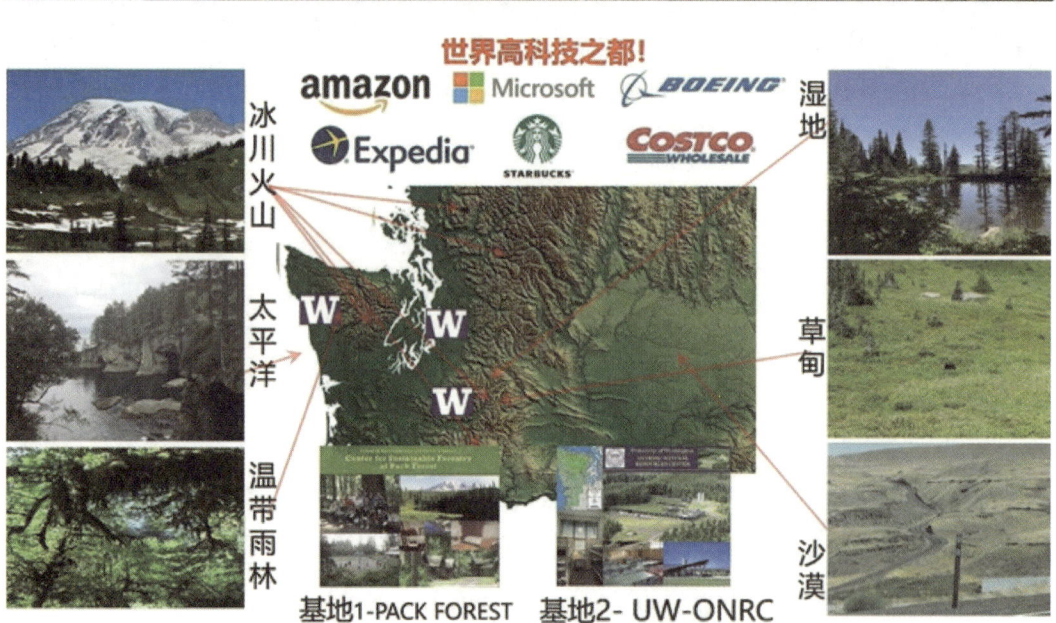

图 3.8　科考行程路线及主要内容

（一）华盛顿州的生态特点——雪山与大海"共舞"

1. 雪山到雨林的景观变化探秘

西雅图当地时间 2019 年 8 月 19 日上午，科考团沿着蜿蜒曲折的山路，前往雷尼尔山国家公园。路途中观察到了植被的垂直地带性，植被的类型随着海拔高度的不断升高而变化，这主要是气候条件的垂直差异造成的。而在从雷尼尔山（Mt.Rainier）到 Hoh 温带雨林的途中，科考团全体成员有幸感受到植被的水平空间分布异质性。位于卡斯卡迪亚山脉的雷尼尔山，海拔较高，离海岸较远，而 Hoh 温带雨林则位于奥林匹亚半岛西北区，更加靠近海岸，多种因素的综合作用造成了两地植被带的不同。

图 3.9 科考途中景观变化

在雷尼尔山，沿着 Skyline Trail 徒步进行考察，沿途见到了许多植物，如 Cascades Blueberry、Broadleaf Arnica、Subalpine Lupine 等；还遇到了松鼠、黑熊、鹰等动物。而徒步于 Hoh 温带雨林，便发现它的林冠更为稠密，且树种多为云杉和铁杉，与雷尼尔山上的道格拉斯杉（Douglas Fir）等植被形成的景观截然不同。与此同时，Hoh 温带雨林植被也表现较为丰富的"乔—灌—草"立体垂直结构：树枝上缠绕了大量的苔藓（mosses）和下垂的地衣（lichens），地表则分布着很多蕨类植物（fern）。

图 3.10 Hoh 温带雨林

从雷尼尔山国家公园到 Hoh 温带雨林，同学们观察到了在地理要素的变化下植被的水平和垂直分布差异以及其他生态景观的变化，同时也感受到全球气候变暖带来的影响。Greg Ettl 教授在讲座中提到，随着全球气候变暖，山区的植物垂直地带性也会发生变化，主要体现在低海拔植被类型演替取代原来高海拔的植被类型。植被的替代不仅对山地景观有着重大的影响，同时也改变了生态系统的整体结构和功能。局部、短期的措施并不能改变全球气候变暖的趋势，大家通过亲身体会和感受全球变暖对自然和人类的生产生活各方面所产生的影响，呼吁每个人都从自身做起，行动起来，才能期望有所成效。

图 3.11 科考合照

2. 雷尼尔雪山的湿地景观解密

在中国中小学的生物以及地理课本中，多次介绍过湿地作为一种特殊的生态系统，因其众多独特而重要的生态调节功能而被称为"地球之肺"。在西雅图当地时间 2019 年 8 月 19 日下午，来自 Conservations Science Partners（CSP）的生态学家 Dr. Meghan Halabisky 以雷尼尔山国家公园的湿地生态系统为例，为科考团成员现场讲解了有关湿地生态系统的知识，使同学们走出课本，亲身感受和进一步认知了有关湿地的科学研究。

对于湿地一词的概念，各国的科研工作者有着不同的定义。Dr. Meghan 教授首先向大家介绍了在美国定义湿地所用的几个一般指标：水文指标是指研究区是否实际观察到每年有两周以上被水浸透；植被指标是指研究区域周围是否存在一些湿地指示植物；土壤指标是指研究土壤中是否含有大量有机物质。接着 Dr. Meghan 教授介绍了关于湿地生态系统功能的研究，并总结了湿地的生态功能：河边湿地可作为洪水缓冲带；湿地可调节旱雨季水量时间分布；湿地可净化水质，如过滤一些重金属污染物；湿地可抑制林火的扩散；湿地可为大量生物提供栖息地；湿地作为整个生态系统对气候变化响应的重要部分。

图 3.12 Meghan 教授现场授课（左）和 Hiking 路线图及观察的不同类型的湿地位置（右）

下面介绍在 Hiking 途中所见的几种湿地：

（1）湿地 1 号：无积水，可由指标确定的湿地，英文称为 meadow；干旱条件下周围林木会逐渐入侵。

（2）湿地 2 号：中心有永久性积水，外围呈环状随季节有不同的环境状态。

（3）湿地 3 号：全部覆盖积水，其中可观察到蝾螈和一些鱼类。以前投放的非本土鱼类对这种生态系统影响很大。

（4）湿地4号：传统意义上的湖泊湿地。能维持较大的面积的原因可能是地下水补给，而溶解的一些铜元素使其变为蓝绿色。

图 3.13　科考途中所遇湿地类型

通过湿地2号的实拍的真彩色与热红外图像的对比发现，在没有积水的外圈温度较高，湿地的降温效应得以显现。

总之，仅通过半天的观察发现：即使被归为同一类的湿地也有着许多细小的差别，且随着季节也在不断变化。遥感技术为监测湿地提供了极大的便利，也对研究湿地的形成和消亡机制有所帮助。只有将理论模型与实际观测结合起来，才能更好地为保护和利用现有湿地，甚至为进一步创造对生态系统有利的人工湿地提供理论基础和实践支撑。

3. 生态的物种入侵与人为干涉

从雷尼尔山国家公园到奥林匹克国家公园，同学们感受到生态系统多样性和物种多样性。而在 Makah National Fish Hatchery，通过 Monika 和 Jonathan 的讲解，关于物种入侵对生态系统的影响，大家有了更深刻的认识。生态系统内的物种经过长期进化形成了相互联系又相互制约的关系，外来物种的入侵可能会对原有的生态系统造成正面或负面的影响。

　　Monika 以黄石公园对狼（wolf, Canis lupus Linnaeus）的引入为例，介绍了其对原有食物链的影响。引入狼以后，黄石公园麋鹿（elk, Elaphurus davidianus）的种群数量下降，致使莓类（berry）植物数量上升，以莓类植物果实为食的熊（bear）的数量便有所上升。如今，黄石公园正采取引入狼的方法来维护生态系统的平衡。在途经 Hurricane Ridge 时我们又了解了 Flying goat 活动，该活动旨在将奥林匹克国家公园的山羊用直升机运输至北卡斯卡迪亚山脉（原生地）放生。这些山羊是在 20 世纪 20 年代由猎人引入，非原生栖息地不能为它们提供足够的盐，这使它们攻击人类来获取盐分；此外它们会破坏一些原生植物，影响整个生态系统。

图 3.14　Monika、Jonathan 讲解物种入侵（左）和 Flying goat 活动（右）

（二）华盛顿州的地质地貌——"冰与火"的对决

　　华盛顿州拥有丰富的自然资源，很大一部分原因在于生态系统类型的多样性，例如冰川、火山、海洋、温带雨林、沙漠等地表覆盖类型都在华盛顿一个州体现出来。值得注意的是，该地还有着丰富多样的海岸栖息地，从太平洋沿岸的海蚀崖、基岩海滩到滩涂、沼泽、混合沉积物海滩和普吉特湾的大叶藻潮滩，多种多样的海岸类型孕

育了多样化的栖息环境和复杂的生态系统结构，使得华盛顿海岸受自然作用与人类活动的双重影响而具有复杂、敏感、脆弱的特征，一旦受到全球气候变化的影响，极易产生一系列衍生效应和放大效应。

1. 海岸地貌

此次科考主要考察了华盛顿州太平洋沿岸的基岩海岸和普吉特湾，考察地点为Ruby Beach、Realto Beach、Neah Bay、胡安德富卡海峡、普吉特湾等，发现了大量的海蚀崖、海蚀柱、海蚀槽、海蚀穴等海岸侵蚀地貌。海蚀崖以一种近乎垂直的坡面陡立在岸边；海蚀柱则削去了锋芒，重峦叠嶂地防守海岸线，似波浪状，与夜幕下徘徊的海鸟构成了太平洋海岸孤独又雄壮的意境；海蚀洞则深邃，海浪涌入幽暗的洞匣，不禁令人遐想"别有洞天"的景象。海边岩石光滑圆润，呈鹅卵石状，踩在上面时常找不准重心而摇摆。就像在海边捡贝壳的孩子，科考团成员在华盛顿州海边捡石子，阅览海岸的地貌景观，不禁发问：这些石子从何而来呢？这些地貌景观也大同小异，是如何形成的呢？

图 3.15　海岸地貌科考照片

2. 板块运动

全球一共分为七大主要板块，本次科考的地区——西雅图，位于太平洋板块和北美板块的交界处。板块的运动在短时间内难以直接观察到变化，但是经过日积月累却能够产生一系列明显的地质现象，所以时间尺度是研究板块运动必要的因素。大约在侏罗纪时期，联合古陆裂解形成了法拉龙板块，经过漫长的板块运动，古老的法拉龙板块几乎完全俯冲到北美板块下，只残留了一小部分，而北部的残留板块包括胡安·德·富卡板块、探险家板块和戈达板块。

在西北太平洋地区，既有太平洋板块和胡安·德·富卡板块的张裂，也有胡安·德·富卡板块和北美板块的挤压，此地如此复杂的板块运动是火山活动、地震活动、海啸活动等频发的原因之一，也因此形成了各种各样的地貌，有高耸的雷尼尔雪山、与加拿大相望的胡安·德·富卡海峡、被日日夜夜冲刷的海滩……

3. 地震成因

鉴于前面说到华盛顿州的板块俯冲的背景，它是美国地震破坏性第二大的地区，华盛顿州几乎每天都发生地震，但是大多数地震太小无法感知。

地震的发生往往与断层有关，华盛顿州有十来处活动断层和断层带，其中一些断层位于偏远地区。其他的断层比如西雅图断层和南部惠德比岛断层带穿越主要的城市，并可能构成重大的危险。华盛顿州最大的活动断层是卡斯卡迪亚俯冲带，该断层导致了一些世界上破坏性最强的地震。地震学家将卡斯卡迪亚地区的地震根据地震发生的位置即发生的源区分成4种类型——Cascadia Megathrust、Deep Intraplate、Crustal Faulting、Volcanic Earthquakes。前三种地震可能偶尔产生强烈的震动，威胁到生命财产安全。第四种类型的火山地震通常太小并且距离遥远，因此一般不会直接对人类造成危害，但是火山地震提供了有关潜在火山爆发的强有力证据。

卡斯卡迪亚地区的应力来自三个构造板块的相互作用：北美板块、Juan de Fuca 板块和太平洋板块都在以不同的轨迹移动。来自不列颠哥伦比亚省、华盛顿州、俄勒冈州和加利福尼亚州的近海，一块名为 Juan de Fuca Plate 的年轻海洋板块正在远离太平洋板块并向北美板块下方坠落。自从1700年卡斯卡迪亚大地震以来，应力正在这两个板块之间的锁定界面间构造，并将在未来的地震中释放。

4. 地震检测

正是因为该地区地震的频发，西北太平洋地震台网应运而生。它由华盛顿大学和俄勒冈大学合作经营，为了监控整个西北太平洋地区的地震和火山活动。从1969年开始，最初拥有5个地震仪，如今 PNSN 已发展到拥有遍布该地区的300多个地震仪站，成为美国第二大地震台网。PNSN 致力于通过向科学家、工程师、规划者、公众提供关于地震和地面运动的准确而快速的信息，减少华盛顿和俄勒冈州地震、火山爆发影响。

PNSN 的总部设在华盛顿大学的地球和空间科学系。本次科考就在 Johnson Hall070 参观并学习了该地震台网的相关设施。走进房间，同学们便被多屏幕的地震监测系统所吸引。科考团从荧幕上观察到系统实时监测的附近的地震活动的数据，以及观看了地震预警模拟的视频，对于减少地震对人类带来的影响十分有价值。之后，Doug Gibbons 博士向大家介绍了一些用于监测地震活动的仪器。这些仪器的原理大致相似，但尺寸、重量和弹簧系数不同，可以监测不同级别的地震。

如图 3.16 所示，Doug Gibbons 博士介绍了一种能够记录三个方向振动的精密仪器，他打开面板，展示了其中安装的三向记录条。通过观察认识了这些监测地震的仪器，同学们了解到人们从很早开始就与地震这样的自然灾害作斗争，并且不断创新、改进技术，希望最大限度地减小其带来的灾害。

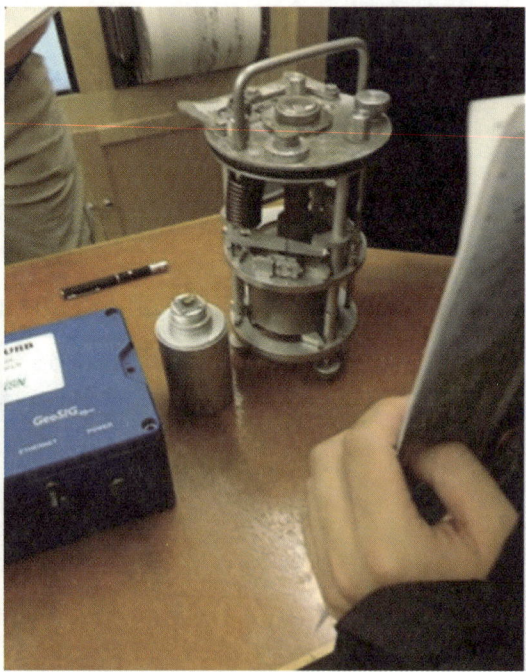

图 3.16　Doug Gibbons 博士正在讲解地震监测仪器

5. 火山构造及影响

板块俯冲背景的另一个影响就是火山。华盛顿州有五座主要的火山：Mt. Baker, Glacier Peak, Mt. Rainier, Mt. St. Helens 和 Mt. Adams。这些火山是喀斯喀特山脉的一部分，喀斯喀特山脉从不列颠哥伦比亚省延伸到加利福尼亚北部，长约 1931 千米。

本次实习重点考察了 Mt. Rainier。它是成层火山，早期的火山岩沉积物估计有 84

万多年的历史,早期的沉积物在今天的圆锥体之前形成了祖先圆锥体。它是华盛顿和喀斯喀特山脉的最高山,并且被公认为世界上最危险的火山之一,在十年火山名单上。Mt. Rainier 比 Mt. St. Helens 更大并且有大量的冰川覆盖,可能产生巨大的火山泥流。

火山爆发会迅速融化冰雪,产生的融水和周围松散的岩石形成快速流动的泥浆以及巨石叫作火山泥流,它与熔岩流和火山碎屑流不同,表现为不可能从火山顶峰延伸超过 16 千米,比如雷尼尔山的火山泥流大部分会保留在雷尼尔国家公园内,最远的可以到达普吉特海湾。对于雷尼尔山而言,火山泥流产生的危害大于熔岩流等,因为根据对未来的预测,一旦发生剧烈的火山爆发,这些火山泥流的通道会经过高密度人口区,摧毁高速公路、桥梁等重要的基础设施。研究表明,火山泥流的速度可以达到 72~80 千米/小时,在雷尼尔山的侧翼所有的山谷都可以找到火山泥流的沉积物。

火山爆发会产生大量的火山灰。火山灰的影响和当地的风向也有很大的关系。一般而言,火山灰可能极大地危害到飞行中的飞机来扰乱航空运行,地面上沉降的火山灰会影响公共事业和运输系统,并且需要大量的清洁费用,也会使得大气中的颗粒物浓度增加,降低空气质量,不利于居民的身体健康。对于自然而言,火山灰会削弱太阳辐射,可能在一定程度上缓解温室效应。

火山爆发还会释放出气体和颗粒的混合物,一些灰烬和硫化物(以及硫化物在大气中经过一系列物理化学反应产生的物质)对于大气有制冷的作用,但是一般是较大规模的火山爆发,因为它所产生的阻挡太阳辐射的颗粒可以一直传播到平流层;其他的气体如二氧化碳可以增强温室效应,英国地质调查和美国地质调查表明,全球的火山每年排放 100~300 百万吨的二氧化碳。并且这两种影响的时间尺度是不一样的,降温效应的时间尺度小,而增温效应的时间尺度长,比如在 2011 年发生的大规模火山爆发而引发的降温效应在 2012 年最为显著,而增温效应在 2100 年才明显表现。

6. 冰川分布

火山是西北太平洋的一个重要地质现象,与此同时,冰川是它的另一种地质特色。冰川是极地和高山地区地表上存在并具有沿地面运动的天然冰体,冰川是由多年积雪经过压实、重结晶、再冻结等成冰作用形成的。无论是在雷尼尔山还是在奥林匹克国家公园,我们都可以看到皑皑的冰川以及冰川融水形成的河流。冰川融水为很多的河流提供水源,同时冰川产生的各种冰碛物也为附近的植物提供一定的物质基础。

当科考团到达位于奥林匹克国家公园的 Hoh 温带雨林时,遇到一条由冰川融水产生的河流——Hoh River,它起源于奥林匹克山脉的冰川 Hoh Glacier,河流的流速较缓,水体呈乳白色,这种乳白色是由山上的岩石被冰川挤压研碎成粉末状,并汇入冰川融水中所导致的。

上左、上右：雷尼尔山的冰川；
下左：雷尼尔冰川（由 Lidar 影像绘制，USGS，2012）
下右：奥林匹克半岛的冰川分布（图片来源：RIEDEL, J. and others, 2015）

图 3.17　考察行程中的冰川

世界各地的高山冰川都是气候变化的重要指标。随着气候变暖的加剧，很多高山的雪线不断上升，导致很多冰川的面积逐渐减少甚至消失。科考团在考察雷尼尔山国家公园和奥林匹克国家公园时，各位老师也为我们讲述了高山冰川所面临的逐年消退的严峻现状。从 1896 年到 2015 年，雷尼尔山冰川的冰川表面积减少了近 40%，其中有 12 条冰川的表面积减少超过 40%。而对于整个奥林匹亚山脉的冰川，从 1980 年到 2009 年，覆盖面积共减少了近 34%。

图 3.18 Hoh River

图 3.19　科考照片

（三）感受中美人文差异——古老与现代"邂逅"

1. 森林利用——中美观念与方式差异

出发前两个月，科考团成员从新闻中得知，无论是在中国的东北部山地林区，还是在大洋彼岸同纬度的华盛顿州，均频繁地发生大面积的森林火灾，在卫星遥感影像上也能看出两地在火烧、砍伐迹地的数量和空间分布上有明显的差异。

森林作为地球上重要的碳汇，其间发生的扰动无疑对全球变化产生巨大的影响。这引起了人文小组同学的研究兴趣，我们来华盛顿州进一步探究思考中美在森林管理，特别是对于森林野火态度和应用策略等方面的不同。当地的森林管理工作人员结合实际管理经验和策略，仔细讲解了当地在努力实现森林的生态和经济效益最大化方面的一些实际做法，让大家很受启发。中美森林管理差异主要体现在两个方面：林火管控和森林经营。森林扰动发生的概率、类型和强度与森林管理政策关系密切，而中国和美国的森林管理政策截然不同。

（1）森林管理

中美两国对森林砍伐的态度有很大差别。美国的土地归属权较复杂，不同的土地所有权类型也有不同的森林管理政策。中国的土地都是归国家所有，《中华人民共和国森林法》将森林按照用途进行了分类，而且天然林的商业采伐已被全面禁止。

美国的森林 58% 归私人所有，很多用于伐木业。土地归属的差异对于森林管理有着显著影响，例如国家公园的管理理念是施以最少的人类扰动，保持其最原生态的环境；国有森林承担包括提供木材的森林职能，允许人为砍伐；而对于私人土地的森林资源，可以在法律法规允许的范围内自由决定森林资源的使用。科考团成员将在接下来的研究中进一步用量化的方法研究森林扰动点在不同所有制、管理模式的区域内的分布情况。

图 3.20 科考讲解照片

Alder Creek 附近区域的树木都被砍掉用于经济用途，其中有一些未砍的树是为了给鸟类留一些栖息地。

Megan 教授告诉同学们，对于过密的种群，择伐有利于降低林火风险，增加林下植被的生长空间，促进林木健康生长。在美国，林业也是一些州县的经济支柱产业，给国家和人民带来了可观的收入。但在中国，自 2017 年起就全面禁止天然林的商业性采伐。天然林禁止采伐的政策，一方面显著提高了森林覆盖率，增加了碳储蓄量，对于缓解全球气候变化做出了重大的贡献；但另一方面，禁伐会使种群密度逐渐增加，产生一些负面影响。

皆伐迹地及其卫星图像（红色区域）

择伐迹地及其卫星图像（红色区域）

图 3.21 考察地卫星图像

（2）林火控制

美国是世界上森林火灾较为严重的国家之一，据统计，1960—2003 年，美国年均发生森林火灾 132440 起，是我国同期年均森林火灾次数的 11.3 倍。且美国林火火因多元化：人为火和自然火各占约 50%，主要的火因有雷击、林区吸烟等。

在美国允许通过引发小规模林火的方式来促进森林的演替更新，通过计划烧除有效清除了林下及社区周边危险可燃物，降低了火险等级，从长远来看保证了森林的健康，确保了社区的安全并促进了森林的可持续经营，但有时强风和干燥也可能使得火情失控造成森林大火；而在中国，防火救火的技术还相对较为落后，对于火的管理理念仍停留在"见火就扑灭"，受限于技术和理念，在中国计划烧除的做法是被严格管控的。

图 3.22　华盛顿州 Crystal Mountain 附近监测火灾的小屋

图 3.23　火烧迹地

（3）思考启示

《中华人民共和国森林法》按照森林对人类的使用价值将森林分为防护林、用材林、经济林等，体现的还是传统的林业和森林资源经营管理思想。这种按用途划分的方式没有考虑到森林的生态价值，可以借鉴美国森林法中的生态系统管理的理念：要在立法中体现森林整体作为一个生态系统，对于森林应持有全面多重的价值观，除了森林的经济效益外，还有例如同学们亲身体验的 Forest bathing、Forest therapy 等生态人文价值；注意维持森林的自然性、多样性、复杂性和持续性，减少人为干扰，充分发挥自然力，模仿自然。

Take only photos，leave only footprints——对于自然的敬畏和绝对的尊重，这也是美国之行给同学们最深刻的感受。目前中国林业亟须产业升级和转型，传统伐木工人纷纷变成护林员，也在思考着新型多元化的环境友好型的森林利用方式——这种供给侧改革的过程还需要政府和人民的创新思维及不懈努力。

2. 印第安——古老与现代的相遇

23日上午，科考团来到了Makah Indian Reservation 区域，这里是美国政府建立的印第安保留区。"二战"后大量的美洲土著进入都市，和现代文化发生融合与碰撞。科考团来到的是Makah Cultural Research Center and Museum，馆内收藏了关于Makah原住民和他们的故事的许多物件。

在博物馆参观中，科考团有幸邀请了一位印第安原住民为大家介绍当地的历史和现状。在和他的谈话中得知，在如今全球气候变暖的条件下，海水的温度逐渐上升，使得海水里鱼的数量和种类在一定程度上发生了变化，改变了当地人捕鱼的路线、距离和方式，间接影响了当地的捕鱼业。气候变暖的影响最为直接的是导致鲸鱼迁徙路线的变化，而使当地捕鲸活动受到冲击，原本经常出现在这片海域的鲸鱼后来几乎再

图 3.24　Makah 印第安文化研究中心和博物馆

也没有出现了。同时，水温的变化也带来了一些以前从未有过的鱼类品种，其中甚至包含鲨鱼。但是近年来当地的降雨量减少，水域总流量减小，很大程度上还是给捕鱼业造成了不利影响。

谈话中，这位印第安原住民还提及另一个行业——伐木业，当地由于砍伐大树较多，短时期内无法恢复到原状，剩下的低矮的树木无法维持当地的生态平衡和水土保持，再加上当地的土地总量有限，诸多条件的共同作用下，当地人民对于砍伐树木态度越来越谨慎，伐木也成为人们注意的话题，森林的问题被摆在大家眼前。

最后，这位印第安老人提到了一个振奋人心的消息，印第安的下一代年轻人愿意回到这里，用他们的力量，以年轻人的方式，去更好地建设这里，为保留区出一份力。他流露出对于年轻人会回来传承和延续印第安文化的喜悦，这同样也是大家最希望看到的现象，期待注入新鲜血液后的印第安。

印第安文化是美国历史上珍贵的宝藏，在当今科学技术飞速前进的趋势下，印第安人民如何延续和发展，是美国乃至全球人民关注的话题，把握时代与机遇，将古老与现代融合，印第安必将再度焕发生机和光彩！

（四）西雅图——经济与环境"比翼双飞"

西雅图是在高科技作用下成功实现城市转型的代表，城市建设经历了渔港小城镇—军工业都市—高科技新城的完美蜕变。工业发展过程使城市中存留了部分闲置废弃的厂房、仓库和军事等设施，且这些城市废弃地基本位于市内景观视野极好的滨水地带。此外，长期的工业生产和运输，使土壤中存留了大量持久性污染物，直接导致了废弃地生态系统的破坏，并威胁滨水地带野生动植物的生存。

Gas Works Park 曾经是一家天然气工厂。1956 年第三次科技革命兴起，科技创新的冲击和新能源的替代使得原来的重工业渐渐荒废，Gas Works Park 是其中之一。然而重工业造成的生态问题依然存在，这片土地需要进行修复和整治。传统方法是运土填埋。然而金晓斌老师告诉大家，运土填埋需要大量的运费和土壤，而挖土区域的生态也会被破坏，这是一个集经济和生态弊端于一体的办法。景观设计师哈格也考虑到了这点，他将这些工业建筑和城市生态景观统一结合起来，通过生态修复，在尊重历史的基础上传承关于这座城市工业时代的记忆。Gas Works Park 如今正以生态修复以后的自然景观和工业时代历史建筑结合的人与自然与共的姿态迎接世人。

不仅如此，即使现代文明如此发达，西雅图还是拥有大片的森林，由华盛顿大学环境与森林科学学院负责管理和规划的华盛顿植物园（Washington Park Arboretum，WPA），不仅是绝佳的科学实验基地，同时也是放松身心的好去处。它使得市民即使住在城市中心，也有能够与森林接触的机会。

图 3.25　Gas Works Park

图 3.26　华盛顿植物园（WPA）

西雅图的城市建设完美体现了人与自然和谐的理念，土地的利用兼顾生态与经济效益，因此形成了独特的城市景观，达到了使城市更加宜居的目的。这对中国未来的城市建设具有一定的借鉴意义，经济发展和保护生态并不一定是相互对立的，协调好经济发展与生态保护的关系，使城市越来越宜居，真正做到"城市，让生活更美好"。

第一篇　项目概况

（五）精彩讲座与成果展示

科考期间，Dr. Greg Ettl，Jonathan Batchelor，Dr. Bernard Bormann，Doug Gibbons，Dr.Jeffery Berman 和 Dr.Matthew Dunbar 共 6 位老师给科考团准备了专题讲座，内容涵盖了气候变化对当地林业的影响、激光雷达在森林管理中的应用、当地森林管理政策、地震监测及预报、自然灾害工程研究、人类学和生态学的交叉研究等，使同学们综合地质、地理、气象、生态、环境、经济和人文等学科，更系统更全面地了解人类活动与全球气候变化的内在过程和机理。

Dr. Greg Ettl—The management and research operation at Pack Forest

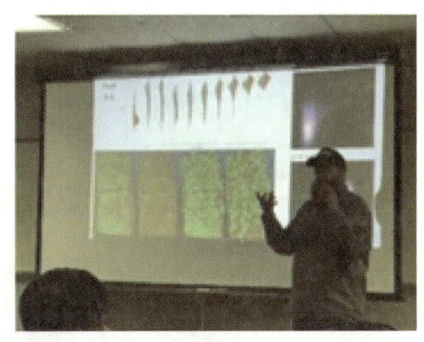

Jonathan Batchelor—LiDAR lecture and demo of terrestrial laser scanning

Dr. Bernard Bormann—The management and research operations at ONRC

Doug Gibbons—Introduction of Pacific Northwest Seismic Network Facility

Dr. Jeffery Berman—Introduction of the Natural Hazard Engineering Research Infrastructure

Dr. Matthew Dunbar—Studies in Demography and Ecology

图 3.27　科考系列讲座

（六）科考结业证书颁发

西雅图当地时间 8 月 26 日中午，南京大学地理与海洋科学学院金晓斌副院长与华盛顿大学环境与森林科学学院（School of Environment and Forest Sciences）的 Dan Brown 院长共同进行科考行程总结并为同学们颁发结业证书。此外，金晓斌老师、郑光老师和王玮老师给华盛顿大学的老师们赠送了纪念品，并将此次科考项目的纪念牌赠予 Dan Brown 院长，对双方建立的友好关系表示感谢，祝愿科考项目能持续下去，促进科学交流。

图 3.28　合影照片

（七）科研训练小组汇报与英文 BLOG

西雅图当地时间 8 月 26 日晚 7：30，在华盛顿大学的 SEFS Forest Club Room 各小组进行了 Final Presentation。

地质组的汇报主题是海平面上升对西雅图湿地的影响，利用 SLAMM 模型结合微地形研究，探究湿地对当地生态系统和人居环境的意义及重要性，提出海平面上升可能会使湿地生态价值和功能有所降低，对人居生态环境产生不利影响。

生态组讨论 solar isolation 对生态系统的影响，包括三文鱼生境、湿地生态系统、森林群落的分布、林火和人类活动五个部分与 solar isolation 之间的联系，最后提出生态系统是一个有机整体，任何因子的改变都可能造成蝴蝶效应，影响到人类活动。

人文组通过建构 forest bathing index（森林浴适宜性指数）量化森林对人体健康的益处，指数综合森林易燃性、森林健康指数以及森林密度三大指标，通过使用 MODIS 热异常数据、Land Trendr 森林扰动数据以及激光雷达数据，提取森林易于发生火灾的频率，同时得到树高、孔隙率以及叶面积指数等信息，最终综合以上数据，使用数学物理方法构建森林浴指数，小组表示接下来将进一步探究森林对于城市的多维价值。

Monika 教授对三组的展示均给予了较高的评价，肯定了我们在整个科考期间付出的努力。老师们根据同学们的表现，颁发了最大贡献奖、最佳 BLOG 奖、最佳演讲者、明星研究者及演讲一、二、三等奖，由 Monika 教授、金晓斌老师和郑光老师进行颁奖、

注：英文 BLOG 网址：https：//sites.uw.edu/nanjingu/blog/

图 3.29　小组汇报（左）和英文 BLOG（右）

合影。此外，在美期间，各小组出色地完成了 9 篇全英文 BLOG，并在华盛顿大学的网站和华盛顿大学环境与森林科学学院（UW School of Environment and Forest Sciences）的 Facebook 上展示。

图 3.30　美方官网及其 Facebook 主页的报道截图

图 3.31　中美"人类活动—全球变化"交叉学科国际科考与科研训练项目

第四章
中加落基山脉大地学国际科考与科研训练项目

  中加落基山脉大地学国际科考与科研训练项目是南京大学地球科学与工程学院和加拿大阿尔伯塔大学地球与大气科学系的联合科考实习，是一项传统的暑期地学课程。北美大陆西部落基山脉地质地貌现象丰富，自然景观独特，很多经典地质构造和地貌理论均建立于对该山脉的野外考察，是大自然中立体的地学教科书。

  本次野外实习内容主要包括学生踏勘、实测、填图三个部分。每一部分都将学生在课堂上学习到的理论知识与实践进行充分结合，锻炼并提高学生学习第一手的野外地质填图技能、技术和方法，掌握野外地质分析的知识和经验，获得对落基山脉和Blairmore地区地层、构造地质、当地第四纪沉积环境变化的认知等，强化学生将理论应用于实际的能力。

图 4.1　中加落基山脉大地学国际科考与科研训练项目

◆ 第一节　科考行程

2019 年度的中加落基山脉大地学国际科考整体工作划分为前期准备、境外科考、后期整理三个阶段。

（一）前期准备阶段：2019 年 7 月 1 日—2019 年 8 月 9 日

本次野外考察主要有三个目标：一是学习并掌握野外地质工作的知识和技能，熟练掌握地质填图的方法；二是学习和应用野外地质分析的知识，提高野外观察能力和地质分析能力；三是建立对加拿大落基山地区的构造地质的感性认知，了解区域沉积构造及沉积演化的历史。为了此次科考的顺利进行，事前的充分准备是必不可少的。自 2019 年 5 月实习队伍名单公布，全体成员便立即投入到紧张的准备工作中，共同学习野外工作与填图方法。

野外工作需要记录特殊的地质现象，在明确观察任务的情况下，有针对性地进行观察和描述。在进行每一项野外工作时，都应当在目的和任务的指导下进行，遵循一定的方法，有条理地展开各项工作。

1. 地层剖面观察与描述

在区域地质调查中，地层剖面的观察是一项必要内容。通常地层剖面沿着一定的方向，能够显示地表或一定深度内地质构造的情况，能够用于研究岩石的物质和矿物组成、结构构造、古生物特征等内容，是研究地层、岩体和构造的基础资料。

野外地层剖面观察需要包括以下内容：（1）岩石观察描述，在详细观察岩性特征后分析岩石名称，并对岩石的颜色、结构构造等特征进行描述；（2）岩层厚度、岩相组合及相互关系，在确定岩石性质后可以进一步对岩石的组合关系等进行描述；（3）化石，观察岩石中的各类化石并进行详细描述。

在沉积岩区，野外岩性描述需遵循一定的标准。本次实习对碎屑岩及结晶白云岩采用以粒径为主要标准的 Wentworth 分类方法，对一般碳酸盐岩采用 Dunham 在 1962 年制定的分类方法，具体细则见表 4–1 和表 4–2。

表 4–1　Wentworth 的碎屑岩粒径分级标准

名称	砾岩	极粗砂岩	粗砂岩	砂岩	细砂岩	极细砂岩	粉砂岩	泥页岩
符号	gravel	v.c.s	c.s	m.s	f.s	v.f.s	silt	Shale/mud
粒径（mm）	> 2	1～2	0.5～1	0.25～0.5	0.125～0.25	0.0625～0.125	0.031～0.0039	< 0.0039

表 4-2　Dunham（1962）的碳酸盐岩（灰岩）分类体系

沉积结构可识别				沉积结构不可识别	
原始组分未被粘结			缺泥质的颗粒支撑	原始组分被粘结	结晶灰岩
含泥质		颗粒支撑			
基质支撑		泥晶颗粒灰岩	颗粒灰岩	生物粘结灰岩	（细分基于结构或成因）
颗粒 < 10%	颗粒 > 10%			
泥晶灰岩	颗粒泥晶灰岩			

2. 野外记录方法

野外记录是从野外观测中获得的第一手资料，包括获取数据和资料的位置、具体的岩石露头描述、结构构造和岩体之间的接触关系等。野外记录通常需要包括观察的点位信息、拍摄照片的位置和拍摄方向、实际观察内容以及对观察内容的判断和假设，野外记录的信息需要与对观察区域的地质背景和沉积环境做出的假设具有一致性，能够证明假设的真实性与可靠性。

首先需要根据用途进行野外记录本的内容与风格设计，确定野外记录的主要内容。野外记录需要包括的细节有：日期、实习区名称、目标与任务、天气、实习人员组成以及其他更加详细的描述实习区位置等信息。野外记录本主体内容应为：（1）素描草图，包括地图、剖面示意图、特定地物的素描图等；（2）野外记录的笔记或获取的数据的表格；（3）野外观察的详细记录以及个人的看法等；（4）在样点获取的系统数据或拍摄的照片；（5）参考文献。

野外素描草图可以记录和反映地质信息，在绘制时首先要明确目标，确定示意图的名称，绘图区需要有足够的空间，示意图应当清楚地反映主要信息，并且包括比例尺、方向等信息。

野外记录笔记是基于对实习区的观察后形成的对其岩性、化石等方面内容的描述，应以短句、要点为主，避免进行大段落的描述，更加便于进行阅读和室内工作。除了对观测内容的直接记录，还应当有根据观测作出的合理的假设与猜想，或者在考察过程中产生的原因，便于对理论内容或者参考文献进行验证，甚至产生新的发现。

本次实习除使用野外记录本进行点位记录、岩性描述和野外素描及绘制信手剖面图，还学习使用"Strip Logs"表格对实测剖面进行直接记录。基本的 Strip Logs（图 4.2）

纵向为厚度标尺，横向依次包含岩性柱绘制区、古生物描述区及岩性观察记录区。在岩性柱绘制区，需要用岩性柱纵向厚度表示岩层实际厚度水平，即块状（＞1 m）、厚层（1～0.5 m）、中层（0.5～0.2 m）和薄层（＜0.2 m）。此外，根据具体岩性选择对应的分类标尺，用岩性柱横向宽度表示岩层基本分类信息，具体分类标准见上一节。岩性柱区域还应包含不同岩性花纹的填充、不同岩性单元的接触界线关系、特征的沉积构造以及古生物化石符号等信息。根据实际观察的厚度，将每一个岩性单元在岩性柱区中描画出来，并附上详细简练的描述文字。好的 Strip Logs 可以作为足够完善的野外记录。

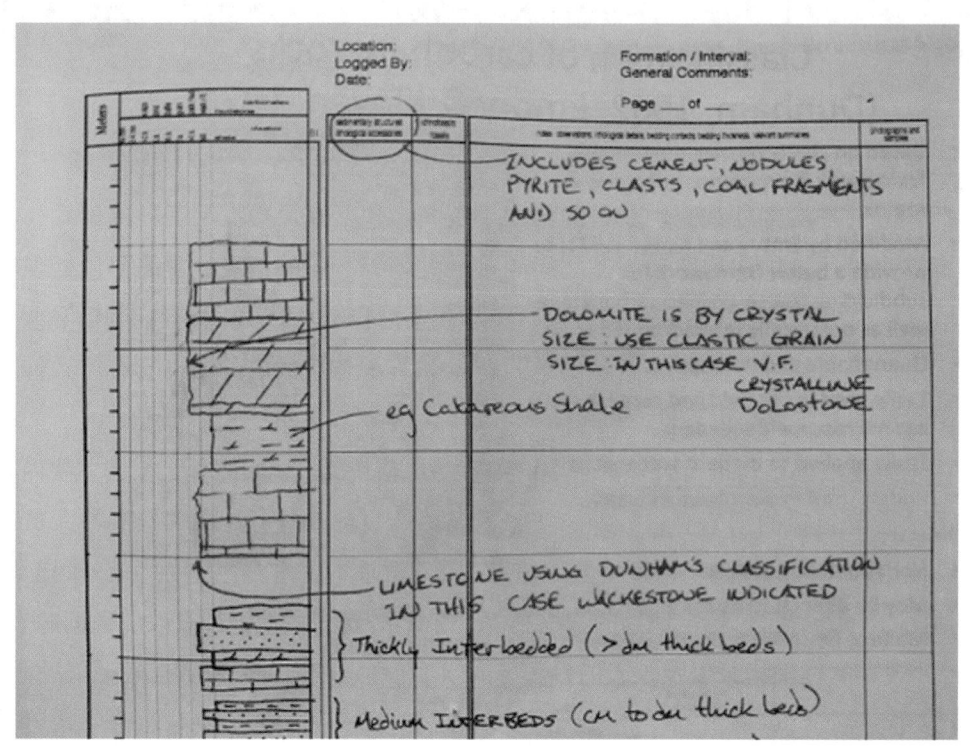

图 4.2　Strip Logs 示例

3. 区域填图方法

3.1 区域地质填图

区域地质填图反映了区域的地质特征及其分布情况，是了解区域地质背景的第一手资料。区域地质填图需要按照一定目的的要求进行制作，包括：

（1）记录区域的特殊的地质特征或露头特性；

（2）帮助理解区域的地质发展历史；

（3）标注自然资源的分布，有利于自然资源的开发利用；

（4）识别可能存在的地质灾害风险；

（5）获取表层环境变化的信息；

（6）为制作详细的地质剖面图来反映地下地层提供基础资料。

区域地质填图需要基于完整的区域地形图来完成，需要选择合适的比例尺，从而能够合理地反映区域的整体情况。需要记录的内容有：（1）岩石露头，包括露头的位置、简要的描述等；（2）结构构造，反映区域的构造活动情况和历史；（3）特殊的点位，在图中应当标注出样本的获得地点，并与野外记录本记录信息保持一致；（4）主要的接触关系，通过观察和大胆猜测，结合观察推理得出不同地层之间的接触关系；（5）潜在的地质灾害，在图上标注出区域可能发生地质灾害的点或区域；（6）其他信息，如区域的地形地貌、土壤、植被等特征，反映区域的整体情况。

填图需要结合野外记录本的记录进行，在野外观测时，尽可能在记录本上详细记录能够清晰反映实习区特征的内容，填图可能需要聚焦区域地质环境的不同方面，从而较全面地反映地质信息。

本次实习采取的区域填图方法与巢湖实习所用剖面法不同。由于填图区大部分地区位于山中，交通不便，且露头连续性差，所以短时间内通过观察多条连续剖面来进行填图是不现实的。因此，本次实习采用结合卫星影像图的岩性填图法。利用精准的GPS定位和高清卫星影像地图实现精准定点，将每个岩性点或构造点在地图上的位置确定，再根据露头形状和大小，以地图上标注点为中心画出露头轮廓线（polygon），依据前期踏勘认识到的知识确定该点所属岩性单元，现场着色（图4.3）。在现场或每日结束时，依照地图上标出的色块及野外记录本的文字记录和信手剖面图，结合卫星影像图，大致推断该日路线沿途的地层情况。随着填图路线和点位的丰富，对填图区的认识会越来越加深，便能够对整个填图区地层情况做出较好的判断，并确定各岩性层界限及构造界线，完成填图。

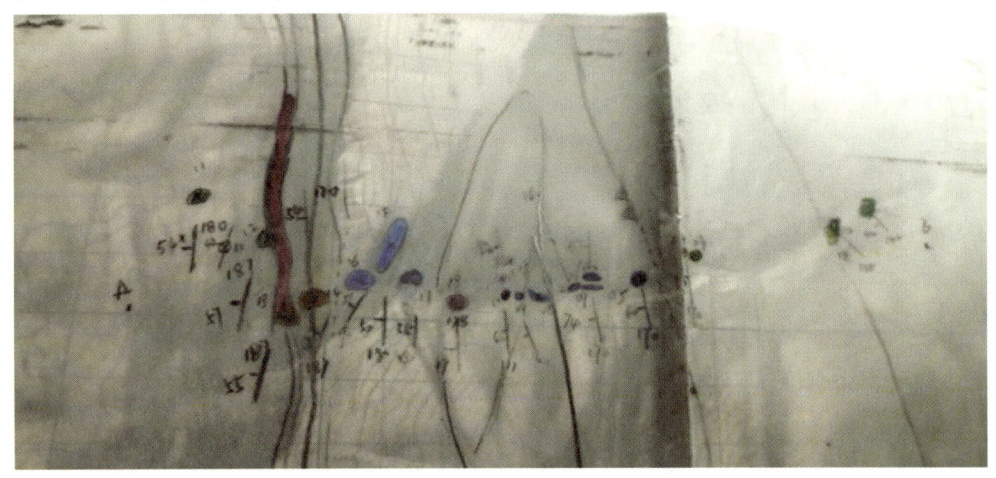

图 4.3　基于遥感影像图的现场露头着色

因此，在野外过程中务必多找多看，做好详细记录，每日务必整理当日所看，加深对整个区域地质情况的理解。

3.2 第四系沉积环境填图

第四系沉积环境填图的目的是通过了解区域的沉积环境，从而了解区域的沉积历史，并进行区域地质灾害的评估，为进行生产开发和灾害防御提供背景知识。

以区域地形图或雷达遥感图等作为地图进行填图，主要内容有：

（1）沉积物类型，如坡积物、洪积物、冰碛物、母岩等；

（2）地貌特征，如台地、阶地、沟谷等。

在野外观察沉积物及植被等信息的基础上，结合区域的地形地貌特点进行合理的推断与假设，按照不同沉积物类型与地貌类型的组合进行分组设色。

（二）境外科考阶段：2019年8月6日—8月22日

本次野外考察时间为2019年8月10日至8月19日，共进行10天，具体安排如表4.3所示。我们将较系统地学习认识Blairmore地区的地质情况。考察队将于每天早上8：00乘车前往露头点。每个小组将被带到适当的地区进行当天的学习考察，野外工作持续到下午5：00左右。回到住宿地，各小组共同完成每日assignment上交，并对当日工作记录进行整理。

8月6日至8日，及20日至22日，为国内外往返以及参观阿尔伯塔大学的时间。

表4-3 落基山考察野外行程安排

8月9日	到达实习区	沿途观察学习冰川漂砾Big Rock
8月10日	踏勘	考察学习Blairmore地区主要地层岩性与地质构造
8月11日—8月12日	实测剖面	实习区典型地层剖面实测
8月13日—8月17日	区域填图	实习区岩性填图
8月18日	室内整理	室内整理野外成果，编制图件
8月19日	第四系填图	实习区地貌分析及第四系填图

（三）后期整理阶段：2019年8月23日—9月

整理科考资料，编写内容丰富的实习报告。

◆ 第二节　科考内容

落基山（Rocky Mountains）是坐落于北美西部的主要山脉，从最北的加拿大西部英属哥伦比亚到最南端的美国西南部新墨西哥州，直线距离 3000 千米。落基山的名字来源于美洲印第安人，原意是"从大草原远眺，它们就像一块巨大的岩石"，1752 年一位欧洲的皮草商首次在自己的游记中将之命名为"Rocky"。

山脉形成于 8 千万年至 5.5 千万年前的拉拉米造山运动，平滑的俯冲角度使得宽广的造山带俯冲至北美西部以下，后续的构造运动和冰川侵蚀作用创造了落基山峰谷纵横的样貌。末次冰期后，人类活动开始影响落基山，虽然人口密度不高，但是矿产资源和皮毛交易推动了落基山的初期经济发展。国家公园和林地不仅保护了自然环境，还推进了旅游产业的发展，每年都有大量游客来此露营、登山、狩猎、滑雪。

（一）区域概况

1. 位置

本次实习位于加拿大阿尔伯塔省西南的 Blairmore，填图区主要范围是 UTM 坐标 11U。

图 4.4　实习区卫星图

2. 自然地理

通常意义的落基山是指从不列颠哥伦比亚省的利亚德河向南延伸至新墨西哥州里奥格兰德的山脉，山脉宽度从 110 km 到 480 km 不等，最高峰是位于科罗拉多州海拔 4401 m 的阿尔伯塔山，加拿大段的最高峰是不列颠哥伦比亚省的罗布森山，它的海拔是 3954 m。

落基山地区发育丰富的冰川地貌，冰川的溶蚀作用造就了落基山沟壑纵横的地貌特点。

3. 经济地理

落基山脉经济来源丰富多样。山脉的主要矿产有铜、金、铅、钼、银、钨和锌，怀俄明州盆地和几个较小的区域含有大量的煤、天然气、油页岩和石油储量，例如，位于科罗拉多州莱德维尔附近的 Climax 矿是世界上最大的钼生产地，钼常被用于汽车和飞机等耐热钢中，Climax 矿场雇用了 3000 多名工人。爱达荷州北部的 Coeurd' Allene 矿山生产大量的银、铅和锌。加拿大地区最大的煤矿位于不列颠哥伦比亚省的弗尼和不列颠哥伦比亚省的斯帕伍德附近，其他煤矿分别位于不列颠哥伦比亚省、阿尔伯塔省和环绕不倒翁岭的北落基山脉。落基山脉包含几个富含煤层气的沉积盆地，煤层甲烷供应了美国 7% 的天然气使用。落基山脉最大的煤层气资源位于新墨西哥州和科罗拉多州的圣胡安盆地以及怀俄明州的粉河盆地，二者大约含有 1 万亿立方米的天然气。

农业和林业也是落基山的主要产业。农业包括旱地和灌溉农业以及牲畜放牧业。除此之外，落基山的旅游业也十分发达，主要的风景区为包括黄石公园在内的美国和加拿大的国家公园。冬季，落基山成为北美的滑雪胜地，吸引了大量的户外运动爱好者。

4. 人文地理

从末次冰期开始，落基山就已经有了人类的印记，土著人以狩猎为生，他们随着季节迁徙充分利用着落基山丰富的自然资源。落基山近代人类历史沿革迅速。1540 年由士兵和非佣组成的西班牙探险者队将文明带进了落基山；1739 年法国皮草商成为第一批报道这片未知山脉的欧洲人；1793 年亚历山大·麦肯齐爵士成为第一个越过落基山脉的欧洲人。从 1720 年到 1800 年，法国人、西班牙人和英国人在落基山脉不断寻找矿藏，进行皮草交易。1802 年以后，美国毛皮商大批涌入落基山，1832 年，来自东部的车队第一次从怀俄明山口穿越落基山。1847 年摩门教徒在大盐湖落脚；1859 年科罗拉多州发现金矿；1869 年横穿美国的铁路建成；1872 年黄石国家公园成立；采矿业和森林工业迅速发展。1891—1892 年设立了多处森林保护区，1905 年保护区扩大到现在落基山国家公园的区域内。旅游业也开始发展，宿营地变成农场，车站发展成城镇，一些城镇发展成大城市。

落基山脉的人口不是很密集，平均每平方公里只有4人，只有少数城市总人口可以超过5万人。然而，1950年至1990年间落基山附近城市的人口增长迅速。在过去的40年里，几个山区城镇和社区的人口增加了一倍，例如，怀俄明州杰克逊市的居民从1244人增加到4472人，涨幅约260%。

5. 气候

在落基山脉的不同时空尺度上，气候模式各不相同。位于新墨西哥州和科罗拉多州的南部山脉部分属于大陆性气候，但在降水的类型、频率、持续时间方面又表现出高度的季节性和年际变化（Dahm & Molles，1992）。而北部山脉主要是受海上气团的影响。落基山脉的天气由当地的热力学过程所影响，在不同的斜坡和方向上产生独特的当地小气候，影响水气和能量通量输送。

在落基山附近的降水与从北太平洋和阿拉斯加湾向东移动的冷锋密切相关。沿着蒙大拿州西部和阿尔伯塔省的东线，大陆气团占主导地位，在冬季尤其突出，这是因为冬季，北极锋从加拿大北部移动到大平原，这造成冷低压的南移。冬季海洋气团和北极气团的温差可以超过40℃。因此在冬季，由于同一位置由不同的气团交替控制，在短时间内温度变化较大。冬季落基山的降水形式主要是降雪，而开始产生积雪的海拔高度随着纬度的变化而变化。

在更南方的山脉地区附近，如科罗拉多山脉前岭，冬季水汽的主要来源是太平洋，而夏季主要是来自东南方和南方的水汽输送。春季降水的最大值主要出现在低海拔地区，秋冬季的最大降水区位于大陆分水岭附近，而夏季的降水的形成原因主要是冷平流，对过去68年至今和过去60年至今的新墨西哥河流的分析显示，在厄尔尼诺年，春季雪融期径流会有显著增加，而在拉尼娜年会显著减少，这说明冬季积雪量和ENSO有联系。

整个落基山脉的降水和温度分布呈现出典型的复杂的空间多样性。例如，蒙大拿州平头盆地的一些西向斜坡的年平均降雨量 > 150厘米。而在离它只有几千米的地方就可能出现年平均降水量 < 15厘米。落基山脉的降水量也因年内变化大而闻名。这在仲夏土壤水分含量低导致森林干燥和野火的情况下尤为重要。

（二）任务要求与技术路线

本次实习，基本上是完成了一次完整的区域地质调查工作。一般而言，区域地质调查可分为项目设计、野外工作、成果报告编写、成果验收出版和资料归档五个阶段。

1. 设计阶段

区调设计是开展区域地质调查工作的重要环节。工作内容主要包括资料收集、资料的综合研究整理、设计前的野外踏勘和地质调查设计书的编写。

本次实习的设计阶段主要由阿尔伯塔大学提前安排完成，资料包括一张 1：25000 的 Blairmore 山区地形图和一张 1：25000 的地质手图、该区域的卫星地图和 GPS 和一本收集前人资料的 *Geoscience Excursion in Nordegg Area of Rocky Mountains*。

2. 野外工作阶段

野外地质调查是获取第一手地质资料的重要途径。地质填图就是在一定的区域范围内，按相应的规范要求，通过对各地质点和线的观察、记录描述、研究，采用各种统一规定的符号、色谱和花纹，按照一定比例尺将野外的各个地质体、地质要素、构造现象等内容如实填绘到地形图上的工作。地质图是反映一个地区地质情况的综合性图件，也是区调工作要完成的主要任务之一。野外工作主要包括地质踏勘、实测剖面、路线填图和资料整理。

地质踏勘是我们工作的第一步，主要目的是了解测区各个地质体的主要特征、展布、接触关系、构造特征等基本地质情况，为选择实测地质剖面、统一岩石地层填图单元的划分方案提供依据。本次实习踏勘整体观察、记录了从志留系到侏罗系各地层岩性、化石特征、构造现象等并测量地层产状，对其有了一个宏观的认识。

实测剖面是为了建立测区岩石地层填图单元划分方案，统一单元划分标志。通过直线法和垂线法，我们实测了石炭系 Banff 组 –Rundle 群、白垩系 Blairmore 群两条剖面。

路线填图是完成地质填图面积任务的重要手段。通过选择一定的路线和地质点进行系统的野外考察、描述记录、研究，实现由点到线，再由线到面完成地面地质调查。本次全队共有三条填图路线。

3. 成果编写、验收和资料归档阶段

在以野外验收为标志的野外工作结束后，进入区域地质调查工作的成果编写阶段。主要包括室内整理和综合研究、最终地质图的编制、区域地质报告。这段工作在完成路线填图至返校后一直在进行。

进入最后的验收阶段，通过后对区调项目中形成的全部原始资料进行整理归档，完毕后全部工作结束。

（三）考察内容

1. 地层

1.1 概况

填图区出露地层由老至新分别为上古生界泥盆系、密西西比亚系、宾夕法尼亚亚系、二叠系，中生界侏罗系、白垩系以及新生代第四系。实习区外见下古生界寒武系冰川漂砾。实习区所见地层岩性及上下地层关系见图4.5。

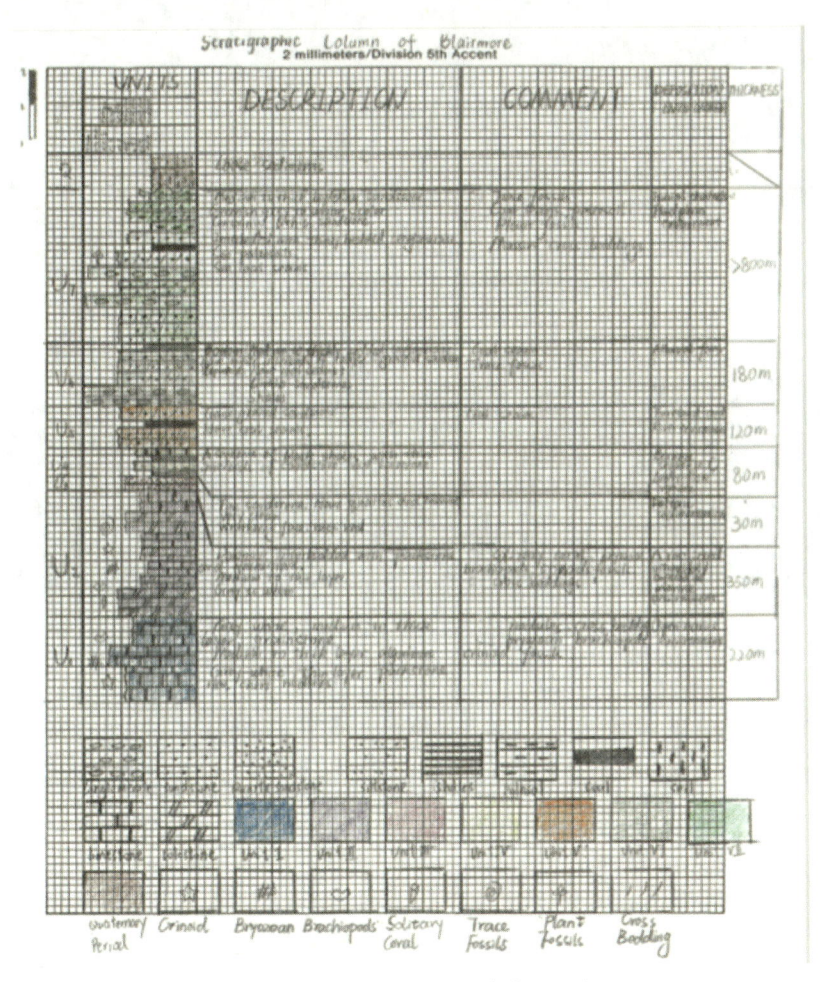

图 4.5　1∶2000 综合柱状图

1.2 地层各论

1.2.1 寒武系

（1）Gog group

分布：实习区外的 Big Rock，为一冰川漂砾。

岩性：漂砾为浅红灰色中厚层中粗粒石英砂岩，可能发生一定的重结晶低级变质作用。颗粒磨圆度差，以次棱角状为主，可能是由于重结晶所致，见石英的柱状晶型，颜色为肉红色、深灰色和浅灰色，断面为油脂光泽，晶面为玻璃光泽。见斜层理和正粒序层理（图4.6）。

图 4.6 Big Rock

沉积环境：Gog 群可分为四个组：McNougton 组、Mural 组、Mahto 组和 Hota 组，整体上沉积于一个能量适中的浅海环境，本次实习只见一冰川漂砾，未辨别其组，并且其可能经过了后期变质作用所致石英岩化。

1.2.2 泥盆系

（1）Palliser formation

分布：填图区西北 Emerald Lake 西侧。

岩性变化：以非骨架灰岩为主，其方解石粒度为砂级或黏土级。实习区见 Palliser 组上部，为灰色中厚层白云质灰岩，灰岩中见浅灰色条带和生物孔穴。浅灰色条带为后期热液交代原本的遗迹化石形成，为白云质（图 4.7）。

沉积环境：以潟湖、盐湖、半咸水河口等高盐碱度的沉积环境为主。

1.2.3 密西西比亚系

（1）Exshaw formation

分布：填图区西北 Emerald Lake 西侧。

岩性变化：下段为棕黑色含磷页岩，具有异常放射性，其间具薄层（10 cm）磷质、黄铁矿至闪锌矿的局部保存的砂岩至砾岩层。上段为风化色为棕色的中厚层含磷含生物质的钙质、白云质粉砂岩夹粉砂质灰岩（图 4.8）。

图 4.7 Palliser 组顶部灰岩

图 4.8 Exshaw 组与 Banff 组界线

接触关系：与下伏地层 Palliser 组可能为假整合接触。

沉积环境：下部为缺氧条件下沉积在外大陆架的近海环境。上部为含氧环境，比下层黑色页岩更靠近古生物线。

（2）Banff formation

分布：填图区西北 Emerald Lake 西侧，填图区背斜核部。

岩性变化：分三层。最下层由深棕色钙质页岩组成，上覆一层海百合灰岩，最上层为泥质灰岩与海百合灰岩的互层，夹有岩屑。依 Klovan 的灰岩分类体系向上以 grainstone、packstone 为主，含有大量的生物化石，包括腕足动物、苔藓虫、海百合、双壳动物、四射珊瑚等，见遗迹化石（图 4.9）。在 Emerald Lake 观察到的底部出现重复出现一次的厚层灰岩与黑色页岩，可能是由于断层作用产生的褶皱而使其下伏的 Exshaw 组重复出现（相当于一个大型的双重构造）。

接触关系：与下伏地层 Exshaw 组为假整合接触。

沉积环境：开阔的浅海环境，生物繁盛。

图 4.9 Banff 组 grainstone 苔藓虫、遗迹化石

（3）Rundle group

分布：填图区背斜两翼。

岩性：由块状灰岩和暗色泥质灰岩互层组成，泥质层中可见燧石结核，块状层中可见生物化石如海百合类、腕足类、苔藓虫、珊瑚等。可以细分为 Pekisko 组、Shunda 组和 Turner Valley 组。Pekisko 组为浅灰色层状灰岩，底部为粗粒含棘皮动物—苔藓虫的粒状灰岩，上部由细粒灰岩组成，海百合碎片向上减少。顶部为深灰色结晶至隐晶质泥粒灰岩、砂岩和泥岩，局部存在网格状构造以及溶解角砾岩。Shunda 组为薄至中厚层状泥粒灰岩，含石燕贝类、笛管珊瑚和石柱珊瑚等化石。Turner Valley 组主要由厚层含棘皮动物—苔藓虫的粒状灰岩和泥粒灰岩组成，并且发生白云岩化作用（图 4.10），在阿尔伯塔省西部的山麓和地下，部分地层中含油气藏。

接触关系：与下伏 Banff 组为整合接触。

图 4.10　Rundle 群藻席状白云岩

沉积环境：主要为局限的潮间、潮上环境。Pekisko 组下部为高能环境的鲕粒骨架砂浅滩。Pekisko 组上部与 Shunda 组为较低能量的局限的潟湖或萨布哈环境。Mount Head 组体现为能量下降过程，这可能对应于从潮下到高潮滩的水深减少，出现潮汐通道。

1.2.4 宾夕法尼亚亚系—二叠系

（1）Kananaskis formation

分布：填图区背斜西翼（东翼未见）。

岩性：主要由浅灰色风化的厚层和薄层粉砂质灰岩、白云岩组成，并有燧石、燧石角砾岩和砾岩层，以及有非常干净的石英砂岩。本次在填图区见其石英砂岩层。

接触关系：与下伏 Rundle 群假整合接触。

沉积环境：其受到抬升作用暴露地表，上方碳酸盐岩形成喀斯特地形。

1.2.5 侏罗系

（1）Fernie group

分布：填图区背斜两翼（西翼见于填图区内，东翼见于填图区外北面）

岩性：由一系列黑色页岩和磷酸质页岩组成，中夹薄层的灰岩与砂岩互层。页岩经褶皱、断裂变形。实习区见其鲍马层序的 C 段。

沉积环境：被动陆缘，沉积于平静的海洋环境中，为浊积岩沉积。

（2）Kootenay group

分布：填图区背斜两翼（西翼见于填图区内，东翼见于填图区外北面），填图区向斜西翼。

岩性：由 Morrissey 组、Mist Mountain 组和 Elk 组三个组组成。底部为 Morrissey 组，由大量形成悬崖的砂岩组成。向上是 Mist Mountain 组，为砂岩、粉砂岩、泥岩、页岩和厚至薄层的煤层互层组成。顶部是 Elk 组，该地层由砂岩、粉砂岩、泥岩、页岩和局部厚的燧石—卵石砾岩互层组成，夹薄层高挥发分煤层。

接触关系：与下伏 Fernie 组为整合接触。

沉积环境：主动陆缘，为一个向东变薄的楔状沉积物，受到来自西部新隆起的山脉的侵蚀。沉积物经水系向东运移，沉积于西部内陆海西缘的各种河道、漫滩、沼泽、滨海平原、三角洲和滨海环境中。

1.2.6 白垩系

（1）Blairmore group

分布：填图区背斜西翼，填图区向斜主体，Coleman 西侧公路。

岩性：分为 Cadomin 组、Gething 组、Moosebar 组、Torrens 组、Grande Cache 组和 Mountain Park 组。底部为 Cadomin 组，为浅灰色中厚层砾岩，砾石成分为石英质、硅质、

磨圆度为次圆到圆，硅质胶结为主，部分为钙质胶结，颗粒支撑，点接触，分选性一般，向上转为基底支撑，砾石减少。向上为 Gething 组，由砂岩、粉砂岩和页岩互层组成，存在薄煤层。砂岩层见植物化石，向上整体上为颗粒粒度变粗。再向上为 Moosebar 组，由深灰色到黑色的细层状页岩组成，顶部有粉砂岩和砂岩夹层，发育括波纹、平行层理和丘状交错层理。Torrens 组为中粒灰色至棕色砂岩，局部存在薄粉砂岩层和燧石、卵石、砾岩透镜体。发育平行层理和丘状交错层理。再向上为 Grande Cache 组，由互层砂岩、粉砂岩和含厚至薄煤层的页岩组成，可见植物化石，地层序列主要呈向上粒径变细。顶部为 Mountain Park 组，主要为砂岩，含薄透镜状硅质砾岩和粉砂岩层。砂岩通常为中粒非钙质，含有丰富的植物化石。沉积构造包括具有 1 m 的前积物的交错层、槽状交错层和波纹层理。常见向上细化的地层序列（图 4.11）。

接触关系：与下伏地层 Kootenay 群呈假整合接触。

图 4.11 Blairmore 群层间砾岩

沉积环境：Blairmore 群是一个向东变薄的楔状碎屑沉积物，来自西部新隆起的山脉的侵蚀。沉积物由水系向东搬运，沉积于西部内陆海道西部边缘的各种辫状河、河道、漫滩、海岸平原环境中。

（2）Cardium formation

分布：Coleman 西侧公路。

岩性：厚层至块状细粒石英砂岩，中部有粉砂质页岩和泥岩与砂岩互层，顶部有含燧石结核的薄层。见风化色为橘红色的铁质结核（菱铁矿），见双壳化石和大量遗迹化石，如 Poselia、Skaliflous、Astesosoma、Arenicelites。该地层是石油和天然气的重要来源。

沉积环境：高能陆地环境。

1.2.7 第四系

本次实习进行了第四系表层松散沉积层与地貌图的绘制工作，将实习区地貌分为河流沉积地貌、坡积沉积地貌、冰川沉积地貌、冰川河流沉积地貌以及基岩层。具体结果见图 4.12。

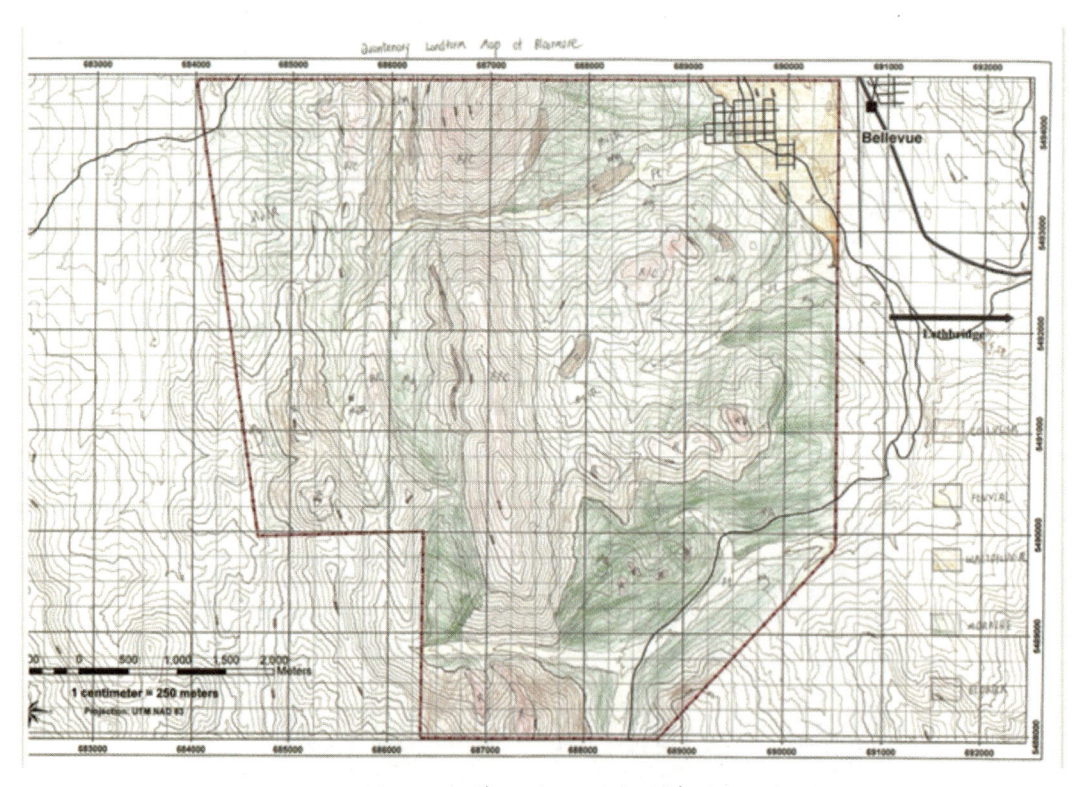

图 4.12 第四系沉积地貌填图

2. 构造

2.1 概述

实习区是位于加拿大阿尔伯特省南西缘、落基山脉东侧的 Blairmore 地区，构造上大致处在北美西部科迪勒拉褶皱带东侧的前陆地区，靠近北美地台。

自中生代以来受内华达运动、塞维尔运动、拉拉米运动等多期旋回构造和岩浆作用，形成了复杂的褶皱、断裂构造。

测区的主要地形为一系列的逆冲断层形成的前陆推覆构造，主要形成于拉拉米造山运动及之后，为法拉龙板块以低角度俯冲至北美板块之下的产物（图 4.13）。

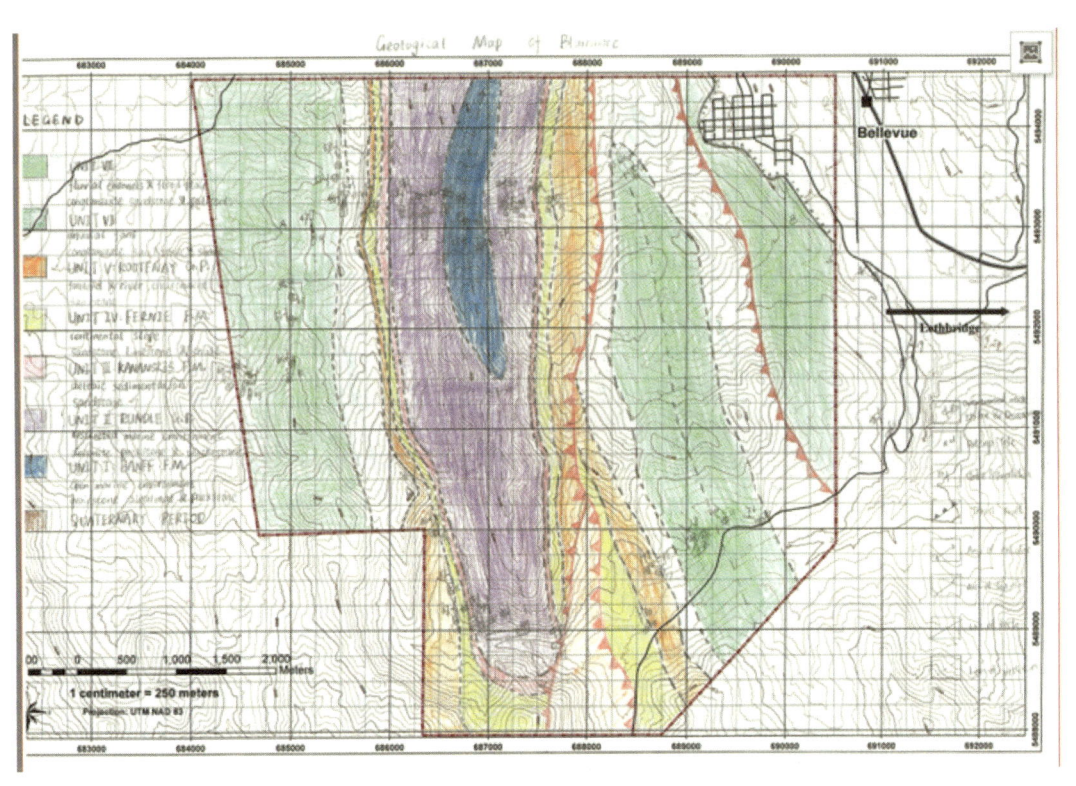

图 4.13 测区区域地质图

2.2 褶皱

实习区内发育的褶皱包括一个大型背斜、向斜（猜测）与逆冲造成的地层内的小褶皱。

大型背斜在填图的过程中可以较为清晰地观察到其两翼与核部，经过产状测量发现为向西倾斜的倒转褶皱，枢纽向南倾伏。向斜是在填图过程中根据所得产状推测的，并没有实际观察到，因此在下方不做赘述。小型褶皱大多发育于测区侏罗系的薄层粉砂岩中，形态较为多样。

2.2.1 Crowsnest 背斜

分布：位于实习区中西部，规模较大，南北贯穿整个测区。

形态：该背斜在白垩系 Candomin 组的砾岩与石炭系灰岩的部分表现为出露的山脊，植被分布较少；在侏罗系地层处风化剥蚀较严重，表现为山脊。

被卷入地层：核部为石炭系下统 Banff 组，向两边依次出露石炭系下统 Rundle 组、石炭系上统 Kananskis 组、侏罗系 Fernie 组、侏罗系 Kootneay 群及白垩系下统地层。

产状：总体构造线方向为 NNW–SSE；核部实测产状为 275°∠55°，东翼平均在 265°∠57°；西翼平均为 270°∠55°。枢纽总体 SSE 方向倾伏，倾伏角未测；轴面倾向西，倾角较大（图4.14）。

图 4.14　Crownest 背斜东翼 Banff 组灰岩

2.2.2 向斜（推测）

分布：位于测区东部。

被卷入地层：核部为白垩系下统上部，两翼为白垩系下统下部。

产状：数据较少，总构造线方向推测为 SSE–NNW，西翼产状为 60°∠20°，东翼产状为 210°∠21°，枢纽产状推测与背斜类似，轴面向西倾。

2.2.3 层内褶曲

在侏罗系 Fernie 组的薄层粉砂岩中发育多个层内褶曲，其形态包括向形、背形、紧闭褶皱、尖棱褶皱等，推测是由于靠近逆冲断层的断面而在推覆时造成的软弱岩层的变形（图4.15）。

图 4.15 Fernie 组层内褶曲

2.2.4 时代与应力场简析

测区的大背斜、向斜、层内褶曲的发育时间应该都是在拉拉米造山事件及之后。假设拉拉米造山事件是由平板俯冲所导致的，俯冲片在北美大陆内部大于 700 km 处还与上部板块相接触。应力沿板块耦合面向东传递，导致科迪勒拉前陆基底芯块隆起。那测区的应力场是一个来自下部地壳的剪应力传递或是来自施加在大陆边缘的端元载荷。

2.3 断层

测区本身就是大型的前陆推覆构造带的一个部分，逆冲断层十分发育，但多数断层面无法直接观察到，而是根据地层的缺失与重复推断断层面的位置。另外，层内经常发育小型的断层，可见擦痕、阶步等现象。

2.3.1 逆冲断层

测区推测逆冲断层一共有三个（图 4.16）。

第一个逆冲断层位于大背斜与大向斜之间，推测断层面向西倾，倾角较大约 60°，推测原因是老的地层（侏罗系）覆盖新的地层（白垩系）之上且两侧地层的产状差距较大，断层面上盘向西倾，下盘向东倾斜。另外，在靠近推测断层面附近的岩层中发育强烈的层内褶曲及小断层。

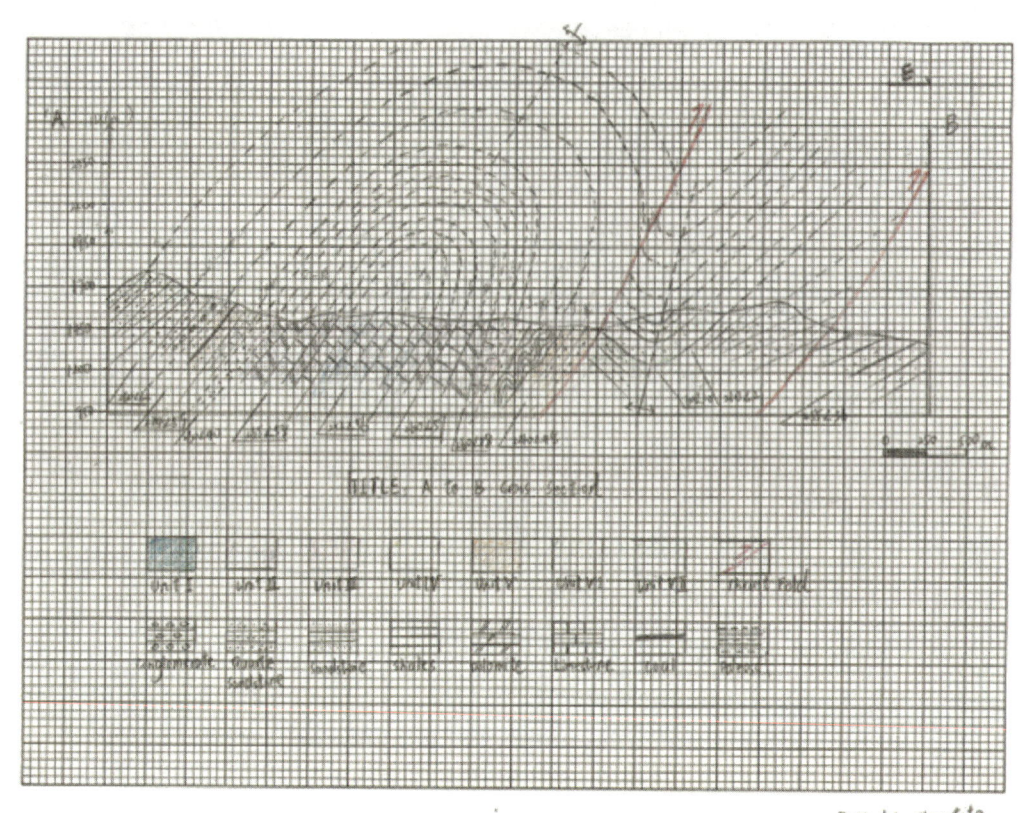

图 4.16　实习区东西向剖面图（可见前二组逆冲断层）

第二个逆冲断层位于向斜东面，测区的北东部分，产状与第一个类似。推测原因是向斜由新到老的地层依次过去又出现了与核部时代相同的新地层，加上向斜两翼的平衡问题，据此推测可能存在推覆作用，使得老的地层覆盖在新地层之上。

第三个逆冲断层位于测区的南部，与第一个逆冲断层相连，可能是其分支，产状由于缺乏数据无法估计，可能与其主断面类似。该断层的推测理由是在北部贯穿测区时所见的背斜包含的宾夕法尼亚纪的地层在南部贯穿路线时未见，可能是由于推覆作用而缺失了。

2.3.2　龟背山塌陷（正断层）

本次测区位于龟背山（Turtle Mountain）的南侧，而龟背山的北侧是一个大型的正断层引发的塌陷。龟背山本身是一个大型背斜（与 Crowsnest 背斜为同一背斜），两翼产状十分陡峭，而背斜的北部由于重力作用而垮塌了，当时导致一个村庄被掩埋，也使得大量侏罗系的煤层被盖住无法开采（图 4.17 和图 4.18）。

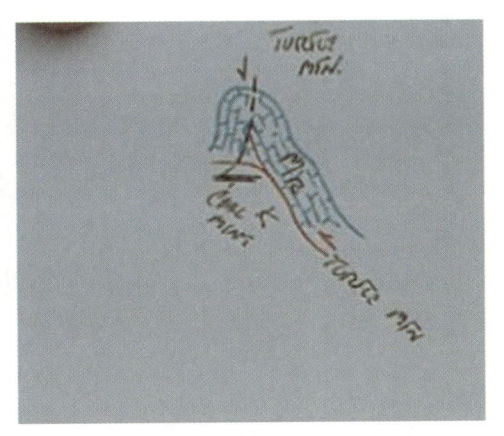

图 4.17　龟背山滑坡　　　　　　　　图 4.18　龟背山断层示意图

2.3.3　飞来峰

当逆冲断层和推覆构造发育的地区遭受强烈侵蚀切割，外来岩块被大片剥蚀，只在大片被剥露出来的原地岩块上残留小片孤零零的外来岩体的现象。

本次实习区的 CROWSNEST 便是飞来峰，是该地区的标志景观。与一般山体不同的是，其顶峰形态较为圆润，并非三角形，且与下部地层产状变化明显。该飞来峰的推覆体地层由下至上为泥盆系 Palliser 群，密西西比纪 Exshaw、Banff、Rundle 组，下盘为白垩系地层（图 4.19 和图 4.20）。

图 4.19　CROWSNEST 飞来峰

图 4.20　CROWSNEST 飞来峰素描图

2.3.4　双重构造

双重构造指顶板逆冲断层和底板逆冲断层在前锋和后缘汇合，构成的一个封闭体系，如果各叠瓦状次级断层在上部没有联成顶板逆冲断层，则构成叠瓦扇。该构造类似于小型断层转折褶皱，是由小型的断坪和断坡被两个断层面封闭形成的（图 4.21）。

实习区内发育于石炭系下统的 Banff 组内，可能是由于前陆逆冲推覆构造带内非常发育的小型逆冲断层造成（图 4.22）。

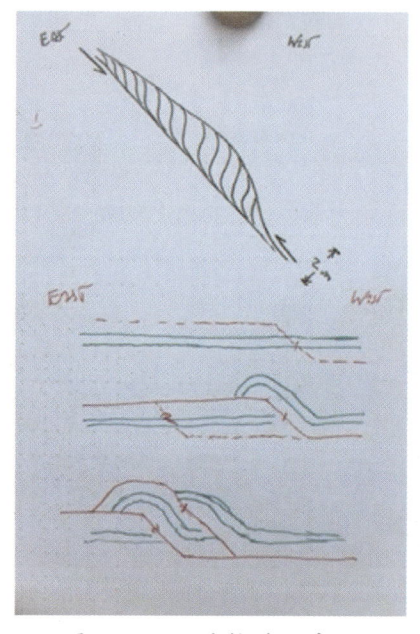

图 4.21　双重构造示意图　　　　图 4.22　Banff 组双重构造

3. 矿产

3.1 概述

矿产是指赋存于岩石圈之内的，目前开采技术可行，具有经济利用价值的、可开发利用的矿石，是人类进行各类生产活动或工程建设所不可或缺的原材料。矿产是在漫长的地质作用过程中逐步形成的，常以单体或集合体的形式产出。此次实习的测区内主要分布与油气资源有关矿产，主要包括煤、石油等。

3.2 能源矿产

实习区内的能源矿产以煤矿为主，主要在侏罗系 Kootneay 组有良好的煤层出露，在白垩系的地层中也含有煤层，但纯度没有侏罗系的好。

除煤层外，上白垩由于其岩性特征可作为良好的油气储层。

4. 区域地质构造发展史

4.1 概述

测区总体上位于北美板块的科迪勒拉褶皱带，由于对测区的踏勘与实测较少，因此将区域地质构造发展史简述为北美地质演化史（图 4.23）

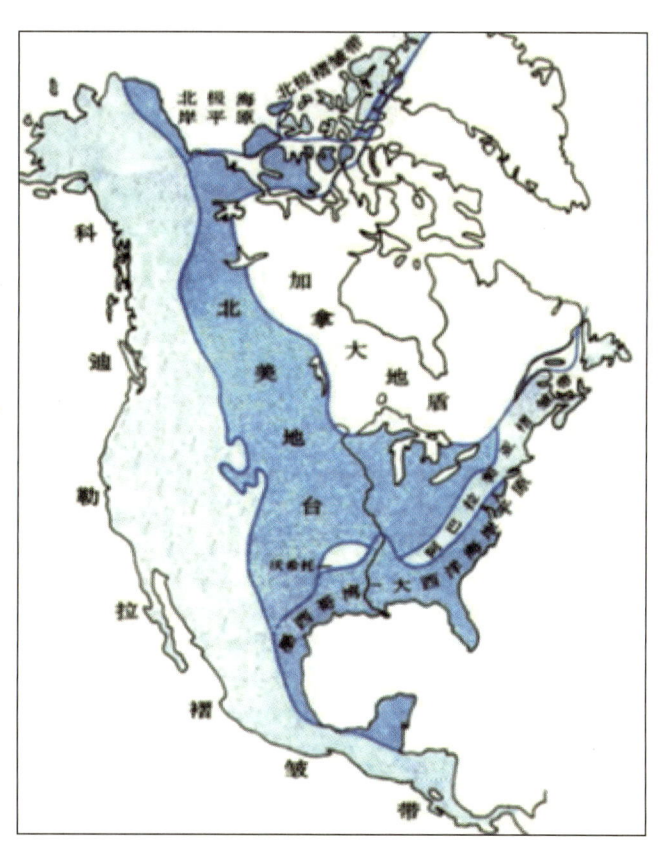

图 4.23 北美大陆主要构造单元

4.2 前寒武纪

北美大陆地质的演化起点是加拿大地盾，美国本土北部、格陵兰岛以及加拿大部分中部地区也包含在内。加拿大地盾岩性主要是前寒武纪岩石，形成于6亿年前。前寒武纪，多次造山运动作用于加拿大地盾，同时发生大规模岩浆活动，之后由于长期侵蚀风化，使得加拿大地盾准平原化。大多数的岩层发生严重变质，因而岩性变得复杂，加拿大地盾是北美板块最核心组成部分，北美大陆是在该基础上形成，现今的加拿大地盾地区并非最开始形成的地盾，而是古加拿大地盾在经历过长期显生宙沉积构造作用下所形成的新地盾。

4.3 早古生代

加拿大地盾以南，发育北美克拉通，该区域上坳陷与隆起相间发育，地盾东侧是阿巴拉契亚（Appalachian）边缘坳陷，西侧是科迪勒拉边缘坳陷。该范围内克拉通盆地内堆积了很厚且范围很广的下古生界地层，主要包括密歇根盆地以及阿尔伯塔（Alberta）盆地等。晚志留世至泥盆纪发生加里东运动，该运动的产生是由于古北美板块与古欧洲板块碰撞，这次碰撞使得格陵兰东部北部以及北美东部出现逆冲—褶皱作用，形成现今展布于北美大陆东部和格陵兰东、北部的早古生代褶皱带。

4.4 晚古生代

该时期，古大西洋的开合影响着北美大陆东南部发生的主要构造事件。石炭纪和二叠纪时，古大西洋发生关闭作用，使得其与东南缘的板块碰撞，在北美大陆东南部形成阿巴拉契亚逆冲—褶皱带，南部形成马拉松—沃希托逆冲—褶皱带。

4.5 晚古生代至新生代

该时期，北美大陆东缘由张裂而演化成为被动大陆边缘，与此成对比，北美大陆西缘在中生代至新生代早期为安第斯型活动陆缘，统称为科迪勒拉造山运动，伴有大规模的岩基侵位和向东的叠瓦逆冲作用。

在晚白垩世至古新世之间发生的拉拉米造山运动是落基山形成的最主要运动，它导致了美国拉拉米地块的隆升、加拿大和美国的落基山脉褶皱冲断带及墨西哥中东部的东马德雷山脉褶皱冲断带。

新生代欧亚板块与印度洋板块拼合即著名的喜马拉雅运动，该阶段北美西部陆缘为被动转换陆缘。

第五章
中非发展与文明冲突跨学科国际科考与科研训练项目

中非发展与文明冲突跨学科国际科考与科研训练项目（以下简称科考项目）是南京大学本科生国际科考与科研训练系列项目之一。该项目于2019年首次立项，由南京大学地理与海洋科学学院、南京大学非洲研究所承担，由南京大学外国语学院、历史学院、大气科学学院、环境学院、社会学院的老师和同学共同参与。此次科考项目，使科考团成员对多文明交汇孕育的摩洛哥有了直观真切的感受，并基于跨学科背景对多文明文化背景对社会经济发展的影响有了更为深刻的认知。

本次科考和科研训练项目之所以选择摩洛哥作为研究区域，主要是基于以下几点因素：

一是，南京大学非洲研究所近期与摩洛哥相关学术机构和学者建立了较好的合作关系。中国驻摩洛哥王国原大使孙树忠先生于2017年11月被聘为南京大学兼职教授，摩洛哥国家顶尖智库——新南方政策中心（Policy Center for the New South）与南京大学非洲研究所有着长期、密切的合作经历，为本项目的顺利实施奠定了良好的基础。

二是，摩洛哥独特的自然环境为以地理学为基础的多学科野外科考实习创造了得天独厚的条件。摩洛哥自然景观多样，海岸地貌、山地地貌、沙漠地貌独具特色，城市和农业发展的基础和地域差异明显，是良好的地理学野外科考与实习区域。

三是，多文明交汇孕育了摩洛哥独特的社会经济发展环境，为跨学科的研究提供了广阔的平台。摩洛哥是非洲大陆发展与文明交融独特的国家，柏柏尔文明、古罗马文明、阿拉伯文明与非洲文明在此地交融，君主立宪制的政治体制，为今天的摩洛哥的稳定和包容发展奠定基础。

四是，中国和摩洛哥的关系日益升温，中摩两国需要加大民间交流来增进彼此了解和合作。摩洛哥地缘战略位置重要，联通欧洲与非洲，扼守直布罗陀海峡，是进入非洲的重要门户国，近年来经济发展迅速。特别是2016年，摩洛哥对中国护照实施免签政策以来，中摩两国的交往日益紧密，需要更多的国内学者和机构走进摩洛哥开展考察研究，为两国未来的合作提供决策支撑。

◆ 第一节　科考行程

2019年度的中非发展与文明冲突跨学科国际科考与科研训练项目整体工作分为前期准备、境外科考、后期整理三个阶段。

（一）前期准备阶段：2019年7月1日—2019年8月8日

"凡事预则立，不预则废。"科考正式开始之前，团队共举行了4次行前讨论会和讲座，带队老师为同学们介绍了摩洛哥的地理、历史、经济、文化等方面的基本知识。团队还特别邀请了南京大学兼职教授、中国政府驻摩洛哥原大使孙树忠先生为大家授课。同学们结合学习与讨论的结果积极收集整理相关资料，为科考活动的顺利开展奠定了基础。

图 5.1　孙树忠先生授课现场　　图 5.2　团队出发前的例行讨论会

图 5.3　团队出发前合影

图 5.4　中非发展与文明冲突跨学科国际科考与科研训练项目

（二）境外科考阶段：2019 年 8 月 9 日—8 月 19 日

科考团队围绕"认知摩洛哥的自然环境""感受摩洛哥的多文明交融"和"深度了解摩洛哥的社会经济发展现状"三个方向，开展了野外地理学考察、社会文化环境与经济发展考察，并举行了丰富的科学讲座和学术交流活动。科考路线的设计充分契合"文明"与"发展"两大主题：在拉巴特、菲斯、马拉喀什、梅克内斯等地去寻找非洲文明、阿拉伯文明、柏柏尔文明和古罗马文明留下的印记，去思考多文明是如何在摩洛哥实现和谐共存的；在拉巴特、卡萨布兰卡、丹吉尔、阿加迪尔去考证在多文明包容与互鉴的文化背景下，摩洛哥人民是如何利用自然环境实现经济社会的稳定发展的。具体线路如下：

● 8 月 9—10 日，卡萨布兰卡—拉巴特：非洲—亚洲研究中心、新南方研究中心学术交流，摩方专家讲座；

● 8 月 10—11 日，拉巴特—丹吉尔—拉巴特：海岸科学考察、艾西拉小镇文化与渔业考察；

● 8 月 12 日，拉巴特：上午访问中国驻摩洛哥大使馆，李立大使为学生们做中摩关系和经济合作的报告；下午摩洛哥教授与学生互动交流，回答学生们的问题；

● 8 月 13 日，拉巴特—梅克内斯—菲斯：罗马古城遗址与文明发展考察；

● 8 月 14 日，菲斯—卡萨布兰卡：摩洛哥教授学术报告、世界文化遗产地历史文明考察；

● 8 月 14—15 日，卡萨布兰卡—马拉喀什：穆罕默德六世理工大学访问和教授讲座报告、古城考察；

● 8 月 15—16 日，马拉喀什—阿加迪尔：穿越阿特拉斯山脉、港口与渔业考察；

● 8 月 16—17 日，返回拉巴特：科学讨论、团队成员整理实习成果；

● 8 月 18—19 日，境外科考结束，启程归国。

（三）后期整理阶段：2019 年 8 月 20 日—10 月

整理科考资料，编写内容丰富的实习报告。项目伊始，带队老师就为团队的学生制定了调研的目的和计划，要求每位同学结合自己所学专业和实际调研情况，围绕摩洛哥的社会经济发展现状撰写科考报告。每位同学在四位带队老师的指导下，通过确定主题、制订计划、收集资料、实地调研等过程，于回国后开始撰写报告，并于 10 月底完成修改后上交汇总。

◆ 第二节　科考内容

该项目以"文明"和"发展"为主题，针对摩洛哥的地理、历史、文化、经济等学科进行综合的科学考察，探寻独特的地理环境和多文明融合的社会生态对摩洛哥社会经济发展的影响。这对深化新时代背景下的中非合作有着重要的现实意义。具体科考目标包括：

（1）考察摩洛哥沿海地区地貌类型、构造演化和资源环境特征。

（2）深入探究阿拉伯文明、柏柏尔文明、古罗马文明和非洲文明在摩洛哥的传播与融合过程。分析在不同文明影响下摩洛哥所形成的独特人文社会发展环境。

（3）基于自然和人文环境的考察结果，对摩洛哥社会经济发展格局与过程进行分析，重点关注其城市化进程和旅游产业发展。

（一）地理学野外考察

摩洛哥位于非洲大陆西北端，西临大西洋，北依地中海，隔直布罗陀海峡与西班牙相望，东南部是撒哈拉沙漠边缘，纵贯国土的阿特拉斯山脉阻隔来自南部撒哈拉的热浪，使得摩洛哥常年气候宜人。

8 月 11 日上午，科考团队开始了在摩洛哥丹吉尔（Tangier）的科学考察。丹吉尔是摩洛哥西北部重要的港口城市，人口约 94.8 万，隔直布罗陀海峡与西班牙相望，最窄处仅有约 26 千米，渡轮 45 分钟即可到达西班牙大陆。上午 9 点，团队成员从临近丹吉尔滨海大道的宾馆出发，行走在这座现代又古朴的城市中。市中心高层建筑林立，而古城的城堡与依山建筑的白色建筑则从山顶延伸到滨海的悬崖边，一边是大海，一边是城市，呈现出一幅美妙的画卷。丹吉尔城市港口规模不大，功能上分为渔港、游艇与轮渡码头（轮渡直通直布罗陀海峡对岸的西班牙大陆）。丹吉尔的货物码头则在离城市 20 千米之外的东部海岸，那里有两个港口区，肩负了从欧洲向摩洛哥的主要货物贸易。丹吉尔集装箱货运增长迅速，已成为非洲第一集装箱大港。并且其临港工业、汽车组装、航空零配工业发展迅速。比如，来自中国的中信集团就在丹吉尔工业园区（科技城）投资 3.5 亿欧元建设汽车轮毂厂，配合丹吉尔汽车工业发展。

离开丹吉尔市区，科考团队第一站就来到了最古老的灯塔——斯帕特尔海角灯塔，这里可以俯瞰直布罗陀海峡，湛蓝的大海呈现在眼前，远处巨大的集装箱轮船在海面缓缓前行，每年有 10 万多艘轮船通过直布罗陀海峡这一繁忙的国际通道。在灯塔附近有一块观景平台，大概是最北突的海岸，也是大西洋与地中海的分界，一边是大西洋，一边是地中海。灯塔附近属于典型的基岩海岸，风光秀丽，又是世界贸易主航道直布罗陀海峡的出口，具有很高的地理学实践价值，张振克教授围绕这片区域的海岸带地貌基本特征、构造成因等主题为同学们现场讲解了该处海岸地貌的成因与发育过程。

随后，团队来到灯塔附近的大力神洞及其海岸进行考察。大力神洞又称"非洲洞"（洞的形状像非洲地图），在波浪、潮流等长期不断侵蚀下形成，是典型的海蚀洞。大力神洞周边海岸同样属于典型的海岸侵蚀地貌类型。带队老师围绕该洞的地貌特征与成因和形成过程进行了深入的讲解。该洞的形成是波浪对基岩海岸长时间冲刷，海浪挟带的碎屑物质对岩岸进行研磨、冲刷等多方因素共同作用的结果。

11 日下午，团队驱车来到摩洛哥西北部小城艾西拉（Asilah），该城是摩洛哥北部主要渔港之一，两个向外延伸的防浪堤将大西洋的波涛阻隔在外面，在港湾内停泊了许多小型渔船。港口附近还建有配套的冷冻仓储设施，但规模较小。整体来看，此地区渔业仍以小型渔业为主。20 世纪 90 年代，摩洛哥政府制定了一系列促进本国渔业发展的政策，包括对港口的基础设施升级改造；采用财政刺激政策；提高渔业对国内经济的贡献度；争取在本地区渔业的开发和管理中拥有更多的自主权等。发展至今，摩洛哥已成为北非地区最大的海产品加工和出口国，拥有坦坦和阿加迪尔两个远洋渔业中心。艺术小镇艾西拉也是世界涂鸦爱好者的天堂，居民生活惬意，民风淳朴。每一次转角，你都会有新的惊喜，风格迥异的涂鸦，天马行空，栩栩如生，为这座小镇注入了浓浓的艺术气息，同样具有很高的人文艺术研究价值。带队的几位老师与同学们就艾西拉小镇的发展对于中国特色小镇发展的可能借鉴进行了深入讨论。

左上：大西洋对摩洛哥沿海的巨大侵蚀作用；
右上：侵蚀作用下形成的海蚀洞——"非洲洞"；
下：山坡上俯瞰阿加迪尔港区
图 5.5　摩洛哥沿海丰富的地貌环境类型

　　团队一行还来到了 Merja Zerga 潟湖湿地，这里是摩洛哥西北部最大的一处湿地保护区。湿地具有生物多样性，食物丰富，是季节性成群火烈鸟迁徙之地。因为未经商业开发，此处的自然地貌受到人类活动的改造较小，具有丰富的地貌类型和生物多样性。该地处于海陆相交的特殊地带，受河流和海水的共同影响，堤岛和沙坝与外海相隔，由一条水道与外海连通，属于典型的海岸潟湖地貌类型。在潮流入口处，泥沙随海水流入，在水道的内侧形成三角洲。潟湖内部水流平缓，是天然的避风港，内部停靠了许多沿岸居民的渔船。

　　在结束对潟湖的考察之后，团队成员乘大巴返回摩洛哥首都拉巴特，并参观了世界文化遗产——乌达雅堡。乌达雅堡位于拉巴特老城以东，布雷格雷格河入海处，濒

图 5.6　潟湖口处景观　　　　　图 5.7　教授湿地现场教学

临大西洋，是背山面海而建的巨大建筑群。乌达雅堡是摩洛哥古代重要的军事要塞，始建于 12 世纪柏柏尔王朝，后为阿拉伯王朝所用，曾被葡萄牙人和法国人占领。在城堡的顶部平台可以远眺大西洋，俯瞰布雷格雷格河口。当地政府在河口区域修建了复杂的海岸防护工程，带队老师对岸防工程的科学性进行了详细的讲解。该工程既解决了河口的冲刷淤积等问题，同时，防浪堤包围所形成的港湾形成了公共沙滩，发挥了河口海岸工程的多目标效应。同时，带队老师也借由经典动作电影《谍中谍 5》以及现代战争电影代表的《黑鹰坠落》在此地的拍摄与后来这两部电影在世界范围内的成功营销，从电影与文化角度阐释了实现热点叠加而引爆影视旅游，增加当地经济发展的可能性。

图 5.8　布雷格雷格河口海岸防护工程和海滩

15日，结束马拉喀什的活动之后，科考团乘车穿越了阿特拉斯山脉南端，前往摩洛哥西南部港口城市阿加迪尔。车行期间，张振克教授对阿特拉斯山脉的构造运动、地貌特征等做了生动细致的讲解。阿特拉斯山脉，地处北非摩洛哥与阿尔及利亚境内，连绵千里。我们这次乘车穿越的是阿特拉斯山脉南端，连接阿加迪尔与马拉喀什高速公路两侧属于亚热带干旱半干旱荒漠气候，年平均气温高，日温差大，降水稀少，年降水量不足125毫米。这里气候干旱，植被稀疏，以北非松等旱生植被为主。山前的平原和山间的谷地，平坦宽阔，有发展畜牧业的潜力。沿途可见丰富的地质地貌现象，出露清晰：褶皱构造不同位置的地层产状差异巨大，断层构造，褶皱构造规模宏大，蔚为壮观；新生代红层发育，有大型化石，风化剥蚀强烈，是摩洛哥阿特拉斯山脉谷地以及平原土壤发育的主要母质基础。阿特拉斯山脉最高处4100多米，水资源丰富，森林覆盖度高，是摩洛哥发展的重要资源环境基础。

16日下午，科考团队抵达了本次科考的最后一站——摩洛哥西南部重要港口城市阿加迪尔。团队首先抵达城市西侧丘陵上的阿加迪尔·乌非拉（Agadir Oufella，意为"高地上的阿加迪尔"）城垣遗址。这座城堡在16世纪40年代摩洛哥苏丹占领海边葡萄牙人的据点后开始修建，在1731年与1960年不幸遭受了两次地震的毁灭性打击，如今只余残破的垛口与倒塌一地的碎石。然而身处断壁残垣之上，居高临下俯瞰大海，我们仍能意识到这个高地在大航海时代的战略重要性。

阿加迪尔的海滩是摩洛哥最负盛名的海滩之一，这里沙质细软，公共海滩面积广大，优越的条件吸引了大批游客。由于阿特拉斯山脉阻挡了冷空气的侵袭，这里的冬天尤其温暖舒适，成为众多欧洲游客的冬日度假首选之地。在海滩上，带队老师为团员讲解了海滩的形成过程：河流汇入大海带来了大量的泥沙，周围基岩风化之后散落在坡面上，也有输运到海滩的趋势；同时，大西洋的海浪也对海滩的塑造有很大的贡献。对于阿加迪尔而言，海滩是其最重要的资源，海滩旅游产业也是当地旅游发展的支柱。Trip Advisor网站的一项调查显示，44%的旅游者会把海滩作为首选的旅游目的地，而到达暑期时，这个数字会攀升至72%。旅游业作为阿加迪尔的支柱产业近年来发展迅速，2018年前十个月接待游客96万人次，同比增长14%。其中，国内游客33万人次。法国游客最多，约有15万人次，其次为德国和英国游客。在阿加迪尔所在的Souss Massa地区，旅游业的投资总额位居第一。

在阿加迪尔，科考团除了对地理地貌进行考察外，还特别关注当地的渔业发展。科考团老师指出，阿加迪尔港口是摩洛哥最重要的远洋渔业基地之一，以海产品加工业（沙丁鱼罐头）为主要产业，产量占摩洛哥全国20%以上。如此丰富的渔业资源也给当地不断带来非法捕捞、过度捕捞等问题。

左上：现场讲解海洋的侵蚀作用过程；
右上：考察菲斯古城的地质构造；
左下：考察布雷格雷格河口的海岸防护工程
右下：考察阿加迪尔港口与海滩

图 5.9　生动活泼的野外课堂

图 5.10　团队在地中海与大西洋分界处合影

（二）社会文化环境与经济发展综合考察

8月13日上午，科考团队抵达了位于古城梅克内斯郊外的古罗马遗迹 Volubilis。这里是教科文组织（UNESCO）批准的世界文化遗产地，是"保存异常完好的古罗马帝国边缘殖民地城市的典范"，具有极高的历史价值。享用主义、军事用途、君权至上是古罗马城邦规划建设的三个特点，在 Volubilis 都能得到很好的体现。当地专家向团员们介绍了根据考古研究所辨认出的这些建筑曾经的用途，甚至一些马赛克地砖还保留得非常完好，色彩鲜艳、构图精巧。

在结束对 Volubilis 的考察之后，团队于当日下午抵达摩洛哥北部古城菲斯（Fez）。菲斯是摩洛哥的宗教文化中心，人口约45万，1981年入选世界文化遗产。城市分老城、新城、皇城三部分，是阿拉伯伊斯兰世界保存最完好的历史名城之一，不规则的街区，高密度的宗教设施和民居、军事性国防，是摩洛哥中世纪城市建设的典范。科考团队在当地历史文化专家的带领下对菲斯老城的空间布局与后续的发展进行了深入考察，特别是就菲斯古城的保护性与原生性发展对于中国当下古城建设的借鉴意义同当地的历史文化专家进行了深入交流。

14日早晨，科考团聆听了摩方 Mohammed Hatmi 教授的报告。Hatmi 教授首先对摩洛哥的宗教文化进行了介绍，他认为摩洛哥人自认为是温和包容并反暴力的，例如，有许多非穆斯林的阿拉伯人住在摩洛哥，并且为自己的身份感到自豪；除此之外，尽管只有少数犹太人，但在犹太人社区他们的传统依然被保留了。事实上，正是由于摩洛哥在历史上一直处于战乱之中，所以他们尤其渴望和平。他们想要掌控危机，并避免冲突。由于摩洛哥社会的特殊性，受到法国、西班牙以及意大利等的影响，他们在民族融合等方面得到了平衡，这里开放与保守并存，如身着传统穆斯林服饰和开放欧洲式服饰的女性可以在一个屋檐下共存而不发生冲突。Hatmi 教授还分析了摩洛哥发展进程中存在的一些社会问题，比如高端人才流失严重——尖端的人才向法国或者加拿大等国家大量流失，每年有近万名接受高等教育的毕业生出国，相比于三千多万的全国人口，是很大的一部分人才流失；南北发展不均衡——北部由于靠近欧洲，可以受到西班牙、法国以及意大利的经济增长辐射，在丹吉尔等北部地区有着良好的工业发展和就业机会，但是南部则相反，发展空间相对局限，步伐缓慢；过度发展旅游业——旅游业并不是一个非常稳定的产业，得益于免签政策，摩洛哥对中国的旅游开始快速发展，但是非洲尤其是北非的国家中旅游产业竞争严重，一旦旅游业崩盘，有可能会产生产值的迅速下跌。

摩洛哥还是非洲大陆发展与多文明交融的独特国家，柏柏尔文明、古罗马文明、阿拉伯文明与非洲文明在此地交融，君主立宪制的政治体制为今天的摩洛哥的稳定和包容发展奠定了基础。在拉巴特、菲斯、马拉喀什、梅克内斯等地，团队追寻摩洛哥多文明发展的轨迹。刘成富教授、刘立涛副教授、郭未副教授分别从语言与文化、历史发展、社会经济等角度对摩洛哥多文明交融现象的形成、演化与影响过程进行生动细致的讲解。摩方合作机构还在沿途为科考团准备了由摩方大学教授主讲的专题科学讲座，如此使得同学们能更为系统地了解摩洛哥多文明的发展状况。

上图：拉巴特行政经济学院（EGE Rabat）的 Nagib 教授对摩洛哥的城市发展和文化包容性问题进行讲解；
下图：菲斯当地著名学者 Hatmi 教授对摩洛哥的宗教文化和社会发展等问题进行讲解

图 5.11　摩洛哥当地著名学者在参访前进行培训授课

上图：黄昏下的菲斯古城；

下图：参访世界最古老的大学——卡鲁因大学（University of Al-Karaouine），该校建于公元859年，是一所伊斯兰学校，设有伊斯兰法律、阿拉伯语言和文学、神学和哲学等学院以及伊斯兰研究所

图 5.12　在菲斯古城感受阿拉伯文明的魅力

左图：柏柏尔人向导现场讲解罗马古城的起源；

右图：向导介绍罗马古城的规划格局

图 5.13　在沃罗比利斯（Valubilis）感受古罗马文明的震撼

图 5.14　在乌达雅堡体会柏柏尔人的智慧

图 5.15　在 YSL 博物馆体会消费时代"符号"的价值

学无涯 行无疆 思无界
——南京大学地理与海洋科学学院国际科考报告集

上图：马拉喀什库图比亚清真寺；
下图：卡萨布兰卡哈桑二世清真寺
图 5.16 参访清真寺，感受宗教神权对国家治理、社会环境营造的影响

科考团成员在结束了白天的考察活动后，会认真整理当日笔记。带队老师还利用晚上在酒店的休整时间举办临时课堂，认真指导学生的科研报告，使同学们在头脑风暴中不断加深对摩洛哥的认知，逐渐领悟到多文明包容对摩洛哥社会经济发展的影响。

图 5.17　利用晚上休息时间在酒店里进行每日行程总结讨论

（三）文明交融与传播史考察

摩洛哥地处非洲大陆的西北角，北临地中海，西临大西洋，与欧洲大陆隔海相望。自古以来就是非洲文明、欧洲文明与伊斯兰文明的交汇，既承受了文明撞击的痛苦，也感受到文明进步的福祉。前摩洛哥国王哈桑二世曾对摩洛哥有个形象的比喻：摩洛哥就像一棵大树，它的根深扎在非洲大地上，获取养分，而它的枝叶既沐浴着阿拉伯的阳光，又呼吸着来自欧洲的新鲜空气，因此，它才枝繁叶茂。今日的摩洛哥政治安定、经济繁荣、社会和谐。中摩关系有着良好坚实的基础，如今摩洛哥是最早与中国签署"一带一路"合作备忘录的西北非国家，是中国推动中非合作和"一带一路"倡议的重要伙伴。到摩洛哥探寻文明融合的密码，对于推动中非合作、中国与阿拉伯国家的合作以及中国与欧洲地中海地区的合作都具有十分重要的意义。2019 年暑期，南京大学非洲研究所组织的中非发展与文明冲突跨学科国际科考与科研训练项目团队就这样走进了万里之遥的摩洛哥，这也是南京大学走进非洲第一支以大学本科生为主的科考团队。科考团队通过对沃罗比利斯、菲斯、丹吉尔和卡萨布兰卡四个城市的科考，串起了富有特色的摩洛哥文明交融与传播史。

1. 沃罗比利斯——罗马文化的遗珠

在摩洛哥的腹地、阿特拉斯山的深处，谁也没有想到，这里埋藏着一座丰富的文化遗产宝藏：沃罗比利斯。这座罗马帝国的边陲重镇，有朝一日，大放异彩。在罗马人在此建城之前，沃罗比利斯早有柏柏尔人居住，并且也是后来毛里塔尼亚王国的一个重要城镇。由于土地肥沃、资源丰富，最多时人口达2万人，出产的橄榄油源源不断地运向帝国各处，沃罗比利斯很快成为罗马帝国非省会城市中最富裕的城市。

经过数小时的长途行车，在39℃的地中海阳光直晒之下，南京大学科考团的成员们终于来到了这个古罗马文化址。这座在14世纪后被人废弃，并被当地人称为"法老的城堡"虽然历经磨难，城址依然大致保存完整。进入城门，沿着罗马人修建的石板路，科考团成员们跟着已经头发灰白的柏柏尔向导，仔细地聆听他对古城的介绍。整个古城建于山包之上，视野开阔，周边环境一览无余。沿着城中主干道，建有各种大小不等的住宅，饰有精美的纹饰。个别富人住宅的客厅还建有图案精美的马赛克，图案既反映了当时古罗马的现实生活，也有神话传说。作为罗马帝国的重要城镇，城中公共建筑规模巨大，规划合理。城中建在高台之上的体量宏大的神庙，用于祭神罗马诸神。如今庙虽不存，但残存的巨大的石柱依然耸入云天，气势恢宏。凯旋门则是又一突出的建筑，经历一千多年风雨和1755年的里斯本大地震，整体结构依然完整。凯旋门石头上的罗马文字仍清楚可见。罗马人的法院空间巨大，面对凯旋门，残存石柱体量恢宏。罗马人非常讲究卫生，专门建有石制的输水管道，从远处引入河水进入城中，管道部门仍有残留。石砌浴池依然规整，今天如果放水进入，依然可以使用。城中用于洗衣与饮牲口的石制水槽边缘磨损痕迹非常明显，可见当时的使用非常频繁。罗马人发达的雕塑艺术在城中也有体现，尽管一些铜制精品早已被法国人带到巴黎博物馆，但是从现场发掘出的残石的石雕像依然可见一斑。比如，妓院一角的一块大理石上凸雕出来的男根，结构饱满而略有夸张，线条流畅并且圆润有力，清晰地反映罗马人截然不同于希腊人以小为美的生活情趣。

而城中发掘出的作坊反映了沃罗比利斯日常生活的一面。沃罗比利斯周围气候干燥，但阿特拉斯山的融水提供丰富的水源，适宜橄榄的生长。由于橄榄油在当时既是食用品，又是美容品，同时也是药品，因此，在罗马帝国内部极受青睐，为沃罗比利斯创造了巨大的财富。发掘出来的巨型石碾，用来将坚硬的橄榄压碎，而器身瘦高中部鼓出的陶罐则是用来装橄榄油的。各类型的小巧玲珑的陶灯和铜灯则是夜晚照明的好伙伴。另外，从大量石刻文字中也可以看到罗马人精神生活的一面，既有献给神的祭品，也有歌颂胜利的文字。

为了保护这座城市，罗马人还在其周围修造了五个小型城堡，从帝国各处调来

图 5.18　沃罗比利斯考察景点

军队进行守卫，然而，蛮族的不断侵袭，特别是帝国内部的权力斗争，导致罗马帝国不得不在公元 287 年放弃了这座城市。此后，罗马基督教徒、柏柏尔人等相继在此继续居住，到 9 世纪初还短暂做过伊德里斯一世的都城。但是，城市的辉煌已经不再。尽管罗马人早已离去，但是曾经高度发达的罗马文化却给当地柏柏尔人留下了深远的影响。

图 5.19　观察洗衣与饮牲口的水池 　　　　图 5.20　体验古罗马的洗浴方式

图 5.21　科考队长与柏柏尔向导交流

2. 菲斯——摩洛哥人的精神与文化家园

"去摩洛哥不去菲斯等于没到过摩洛哥,菲斯是摩洛哥人的精神家园。"领队的历史老师对考察队员说了这样一句话。菲斯古城完全体现了当地的摩洛哥阿拉伯伊斯兰文化与现实的生活。菲斯古城是由伊德里斯一世沿菲斯河谷所建。尽管从城市边缘的高地上俯瞰这座城池,显得杂乱无章、缺乏美感,但菲斯老城却是世间少有的、上千年来一直沿用不变的城市,是伊斯兰中古城市的活化石。菲斯得名于一个在此生活的柏柏尔部落。当然,给我们做菲斯城讲解的当地历史老师也给考察队员们讲了一个传说,即菲斯就是斧头的意思,即这座城市的创建者伊德里斯一世用一把金银制成的斧头规划了这座城市。

穿过古老的艾巴厘城门,进入老城艾巴厘区,考察队员完全走进了千年之前的古城。艾巴厘区是菲斯最古老的城区。由伊斯里斯一世亲自筹划建立,位于菲斯河谷的最低处。进入这片老城,就是从山坡向山谷最低处去。古街小巷非常逼窄,有的巷子只够两人错开而行,加上巷子坡度较大,机动车辆根本无法通行,唯一可行的负载工具就是毛驴。巷道弯弯曲曲,许多是在建房时自然形成的,许多巷子的尽头便是一户人家的门廊,或是一家商店的入口,如果没有向导带着,就会迷失在古城之中。

菲斯老城手工业较为发达,织毯、刺绣、制衣、制革、制鞋、珠宝、铜铁器打制等等不一而足。古老的制革业更是闻名遐迩,建于 11 世纪的乔亚拉制革作坊至今仍使用最传统的方法鞣制皮革,并用生物和矿物颜料给皮革染上各种鲜艳的颜色,深受外

图5.22　从山坡远眺菲斯古城　　　　图5.23　菲斯艾巴厘古城区入口

国客户欢迎。在跨越撒哈拉沙漠的贸易中，菲斯也是始于马里廷巴克图的黄金贸易的终点。此外，古城中也有许多客栈用来接待外来的商人和旅行者。由于自然环境极为稳定，千百年来，这些街巷几乎未变，菲斯古城中的人一直生活在此环境之中，生活方式基本未变。

作为摩洛哥人的精神家园，菲斯当然有其独到的精神滋养所。当年，这里的柏柏尔部落首领主动接纳了因在权力斗争中失败而流亡到此的伊德里斯一世。伊德里斯将数百户阿拉伯人带到此处安家，首先给了这座城市阿拉伯特色，此后来自安达鲁西亚的阿拉伯人和柏柏尔人也来此定居，又给了这座城市安达鲁西亚色彩。当然更突出的自然是伊斯兰文化。菲斯建城伊始，清真寺也随之建立。这座城市在鼎盛时期有700多座清真寺，留存至今的仍有300多座。其中值得大书特书的便是穆斯林女子法蒂玛于公元859年捐建的卡鲁因清真寺及卡鲁因大学。这座清真寺在很长一段历史时期内是北非最大的清真寺，整座建筑由270根廊柱支撑，用大理石、石灰、石膏、鸡蛋清等为原料建造，可容纳2万名穆斯林教徒祈祷。卡鲁因大学更被誉为世界上第一所综合性大学，比欧洲大学之母博洛尼亚大学还早200多年。作为伊斯兰高等学府，它自建立至今从未中断。大学内开设古兰经、文学、历史、哲学、医学、天文学等多个学科，吸引周边国家大量学生来此求学，为伊斯兰世界培养了大量人才。其图书馆收藏有数十万册中世纪著作手抄本，被誉为"学术之都"。毕业于这所大学的著名苏非主义学者艾哈迈德·提加所创立的提加尼教团是当代非洲最有影响力的教团之一，以西苏丹为中心，辐射到全非洲，并在非洲各地发展出众多分支。他在菲斯的墓地是提加尼教团的圣地。而另一位在卡鲁因大学毕业的艾哈迈德·本·伊迪里斯也是著名的逊尼派伊斯兰学者，他的弟子遍及非洲特别是撒哈拉以南非洲地区，他们按照他的思想建了一系列苏非教团，如以利比亚为中心的塞奴西教团、以苏丹为中心的哈特米教团、拉什德教团等，在北非和东非地区具有巨大的影响力。作为摩洛哥著名的伊斯兰学府，

卡鲁因大学仍在政教合一的摩洛哥发挥巨大的作用，摩洛哥的许多政要都在这所学府学习过。除此之外，这所古城还有一些著名大学，它们与卡鲁因大学一道为菲斯赢得了"西方的麦加"的美誉。

图 5.24　城中的皮革作坊

图 5.25　精美的手工艺品

图 5.26　与当地历史学者交流

3. 丹吉尔——欧风劲吹不停歇

地处摩洛哥西北角,面向直布罗陀海峡与欧洲隔海相望的丹吉尔,素有"非洲门户"之称,向来就是各种文化的交流碰撞区,由此也形塑了这座城市的文化混血儿的特质。光丹吉尔的名字就有不同的文化说法,希腊人称它得名于巨人阿特拉斯之女廷吉斯,她与赫拉克勒斯生下斯法克斯,斯法克斯建立丹吉尔城以纪念她的母亲,而有学者则直指这个词在柏柏尔语意思中就是"沼泽"。丹吉尔附近的非洲洞也被说成是希腊神话中的大力神赫拉克勒斯休息之所。中国人对这个港口也不陌生,它是摩洛哥著名旅行家伊本·白图泰的故乡。1963年周恩来访问摩洛哥时,首先访问丹吉尔并称赞"伊本·白图泰为阿拉伯人、穆斯林和全世界了解中国文化做出了重要贡献",并表示相信"伊本·白图泰在东西方文明的对话中发挥了有力的作用"。

无论如何,至少可以确切地说在公元前8世纪左右这个地方就成了腓尼基人的殖民地。丹吉尔周围柏柏尔人墓地中葬有大量的腓尼基人珠宝,表明了当时贸易的发达程度。公元前5世纪迦太基人将其建为一个重要的港口。布匿战争时期,丹吉尔在柏柏尔人的毛里塔尼亚王国的控制下。罗马帝国吞并了这个柏柏尔人王国后,它成了罗马帝国廷吉塔那省的首府。公元427年汪达尔人也入侵非洲大陆,严重打击了罗马人对非洲的统治。虽然被拜占庭皇帝重新征服,但其很快将首府迁到今天的休达。7世纪初罗马最后失去了对丹吉尔的控制,落入当地柏柏尔人之手。8世纪初,阿拉伯人征服丹吉尔,塔里克·伊本·扎伊德由此渡过直布罗陀海峡征服伊比利亚半岛。倭马亚王朝时期,丹吉尔是其非洲摩洛哥区的首府。然而,由于阿拉伯歧视改宗伊斯兰教的柏柏尔人,向他们征收重税导致柏柏尔人起义推翻阿拉伯人的统治。直到9世纪伊德里斯一世从阿拉伯半岛流亡到此,建立伊德里斯王朝。此后,丹吉尔一直在摩洛哥各王朝的统治之下。

图 5.27 丹吉尔海滨

图 5.28 丹吉尔郊区建筑

到了 14 世纪末形势发生转变，由于统治摩洛哥当地王朝的力量削弱，丹吉尔海盗猖獗，引起葡萄牙人的注意。经过三次攻打之后，1471 年葡萄牙人占领丹吉尔，将所有的清真寺改建为天主教堂，并建立一系列的欧式房屋、教堂与修道院。葡萄牙与西班牙合并后又成为西班牙帝国的一部分。1661 年丹吉尔作为葡萄牙公主的嫁妆成为英国的一部分。英国人认为丹吉尔是英国王冠上一块价值巨大的宝石，并对其进行了一定的建设，然而由于主事者贪腐，花费巨资却进展缓慢。加之经常受到伊斯兰势力的攻击，丹吉尔经济落后，人口凋零，1680 年时这个港口仅剩下大约 700 名平民。巨大的成本负担导致英国议会于 1680 年决定放弃这一战略要地，在 1684 年港口设施完全毁坏后英国人离开了丹吉尔。丹吉尔成为摩洛哥王朝的一部分，并且从 18 世纪起成为摩洛哥的外交首都。然而，在 19 世纪欧洲列强海外殖民竞争中，摩洛哥成了列强竞争的对象，大国分赃的结果是摩洛哥被法国和西班牙实际分割；摩洛哥覆盖了该国最北端和最南端，而法国保护国则覆盖了中部地区。1923 年 12 月丹吉尔成了英国、法国和西班牙的国际共管区。"二战"期间西班牙一度出兵丹吉尔，但并未能改变现状，直到 1956 年英、法、西三国才将丹吉尔主权移交给摩洛哥，结束了丹吉尔长期以来城头变幻大王旗的历史。

这种长期的政治冲突、文化融合的结果使得丹吉尔成了最接近欧陆风情的城市。大片城市的建筑完全是欧洲地中海风格。街头许多人的衣着与地中海南岸的欧洲几乎没有差别。由于缺少资源，独立后丹吉尔曾一度发展缓慢。21 世纪以来，在国王穆罕默德六世直接指导下，政府充分利用丹吉尔地处欧洲、非洲、地中海和大西洋交汇处的地缘优势，大力建设丹吉尔—地中海港口，充分发展海洋经济，丹吉尔的经济开始了腾飞的步伐。目前它已经超越埃及的塞得港和南非的德班港，成了非洲最大的集装箱港。随着丹吉尔港口工业区的开发，汽车组装、航空工业、食品加工等产业已有了长足的发展，有望与卡萨布兰卡并驾齐驱，成为摩洛哥经济增长的新引擎。丹吉尔的地缘优势也引起了中国企业的广泛兴趣，成为中国企业投资热土，目前已有多家企业落户各个工业园区，其中 2018 年中国中信集团在丹吉尔工业园区一笔 3.5 亿欧元的投资就超过了中国对摩洛哥投资存量的 1.5 倍。如今的丹吉尔正在利用劲吹的欧风为摩洛哥的经济繁荣作出贡献。

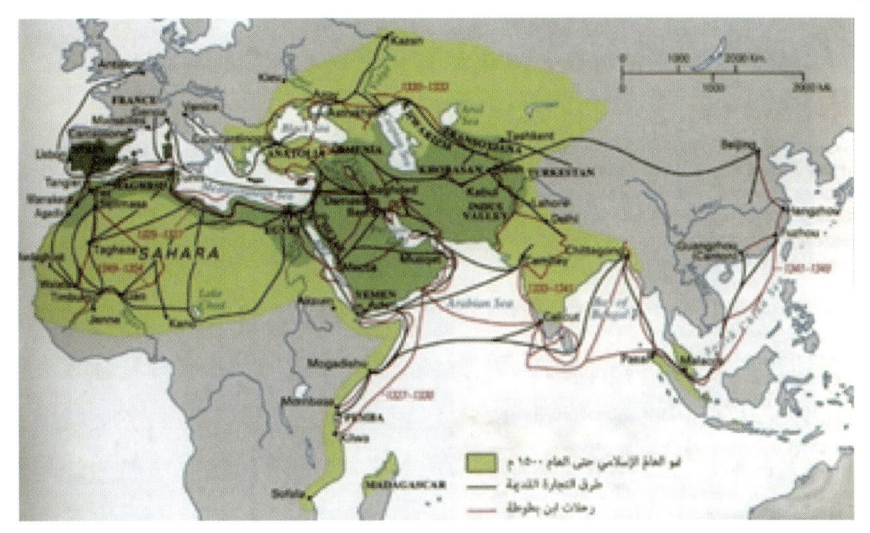

图 5.29　繁荣的古代贸易

图 5.30　丹吉尔新港

4. 卡萨布兰卡——摩洛哥的宗教外交中心

说起卡萨布兰卡，很多中国人想起的首先是一部"二战"题材的同名电影，电影中的里克咖啡馆如今已成了中国人的打卡地，然而很多人并不清楚，这部电影与卡萨布兰卡没有任何关系，完全是在好莱坞影棚拍摄的。这些对做足功课的南大非洲科考团的大学生们当然不在话下。他们事前就在老师的指导下阅读了大量资料，深知丹吉尔才是第二次世界大战期间的间谍云集之地，而"二战"中在卡萨布兰卡聚首的可是两个大人物——美国总统罗斯福与英国首相丘吉尔，他们在此共同确定了同盟国结束对轴心国战争的"无条件"投降原则。

今天这个意为白房子的城市与摩洛哥其他的城市相比，底蕴并不那么深厚，尽管它是摩洛哥最大的工业城市和港口城市，产出摩洛哥60%以上的工业产值，并且从国际金融指数看，还是名副其实的非洲第一金融城。公元744年柏柏尔人柏格瓦塔王国首先在此建城，时称安法。12世纪初穆拉比特王朝征服这一地区后，阿拉伯移民的进入促成了当地柏柏尔人的伊斯兰化。梅里尼德王朝时期，安法逐步发展成为一个重要的港口。在这个王朝衰落后，这个小城一度蜕变为海盗和劫掠者的避风港。由此遭到正向海外扩张的葡萄牙人的毁灭性打击。1515年葡萄牙人在安法废墟上建立军事堡垒卡萨布兰卡，直到1755年里斯本大地震毁灭了这座城市，他们才就此离去。1770年苏丹穆罕默德·本·阿卜杜拉重建了此城并命名为达尔贝达。18世纪末西班牙人取得贸易特权后，将这座城市更名为卡萨布兰卡。由于向欧洲供应羊毛，这个海滨小城开始发展起来，当1912年法国人占领这座城市时，人口也已达2万人，法国人在老城外另建欧式新城作为欧洲人定居与治理之所。独立后，卡萨布兰卡不仅成了摩洛哥而且成了全非洲经济最发达、人口也最多的城市之一，在西非地区有强大的经济影响力。除此之外，区域政治舞台上卡萨布兰卡曾是推动非洲急速统一的"卡萨布兰卡集团"的发源地。

科考团因此更注意到，摩洛哥利用这个城市作为这个国家的"文化之都"以及它的新地标——哈桑二世清真寺来向外扩大摩洛哥牌伊斯兰文化影响力。名义上，哈桑二世清真寺是哈桑二世为感念真主庇护，为弘扬真主的荣光而建。这座体量宏伟的伊斯兰建筑于1993年建成，耗资近6亿美元。建筑基址半在海上半在陆上。这座清真寺融合了摩洛哥古代与现代的伊斯兰艺术传统，蕴含摩洛哥历史上各个重要时期流行的建筑时尚，是柏柏尔、地中海、东方的阿拉伯和非洲及安达鲁西亚风格的有机结合。具体而言，其外部造型与装饰从摩洛哥各地著名清真寺和伊斯兰学院中汲取灵感，清真寺的祈祷大厅暗含梅内尼德宗教学院的建筑风格，高耸的宣礼塔则取自拉巴特雄伟的哈桑塔和马拉喀什库图比亚清真寺的宣礼塔，绿色的琉璃屋顶则取自非洲卡鲁因大学的屋顶风格。同时它又是创新的，内部装饰是阿拉伯式花纹以及各种马赛克图案。室内空间饰有弧形拱门、彩绘以及雕刻木纹的花卉图案，为了防止海水的侵蚀，大门均用钛合金建成，屋顶还可以打开散热，地面则有自动加热装置。整个建筑恢宏大气，傍依广阔无垠的大西洋，堪称摩洛哥现代建筑的典范。不同于其他的清真寺，这所清真寺还向非伊斯兰教徒开放参观。

不可否认，在20世纪80年代中东地区自伊朗伊斯兰革命后，伊斯兰激进主义盛行，伊朗向外输出革命，思想激进的萨拉非主义也渗透到摩洛哥，不仅对摩洛哥的安全与经济产生严重威胁，对开放温和的摩洛哥伊斯兰社会也有很大影响，典型代表就是摩洛哥北部极端伊斯兰教义派或萨拉非圈子中女性穿着罩住全身的布卡袍和只露出眼睛的尼卡布（Niqab）面纱的现象显著增多。作为全国伊斯兰教领袖的摩洛哥国王需要这样一个建筑符号，表明其对伊斯兰教的承诺。然而仅作如此解读是不够的。菲斯早就赢得了"西方的麦加"的声誉，也形成了具有自身特色的伊斯兰宗教体系。简而言之，这是一种伊斯兰"中庸之道"思想，是一种基于宽容、文化间对话与尊重其他信仰的宗教观。摩洛哥对异教的宽容可以从犹太人身上看出来，他们在摩洛哥一直受到庇护，每座摩洛哥老城中都有犹太人的居住区。"二战"期间摩洛哥国王穆罕默德五世拒不执行法国维希政府要求迫害犹太人的命令，坚持"摩洛哥没有犹太人……只有摩洛哥臣民"的立场令世人尊敬。摩洛哥历史上向来有向外传教的历史，活跃在非洲伊斯兰世界的各苏非教团或是由摩洛哥学者所建，或深受摩洛哥伊斯兰学者的影响。苏非教团中的法迪里教团与摩洛哥王室关系还非常密切。自20世纪60年代初起，摩洛哥就开始为外国学者和伊玛目提供培训，以传播自己的宗教思想。哈桑二世还曾在斋月期间举行宗教论坛，邀请世界各地特别是撒哈拉以南非洲的伊斯兰学者来摩洛哥就不同的伊斯兰主题进行对话，讨论摩洛哥伊斯兰模式相一致的宽容、和平、共存的宗教主题。每次讨论还都被记录下来，其录音录像被送到各宗教研究所和大学，由此广泛传播摩洛哥伊斯兰的信息，这个论坛一直延续至今。面对激进伊斯兰势力的兴起，1980年在沙特阿拉伯塔伊夫的一次新闻发布会上，哈桑二世再次强调他的国家通过大学、清真寺、宗教领导和学者在非洲传播摩洛哥伊斯兰模式的使命。

1999年穆罕默德六世登基不久即推进不同信仰间对话，坚决同所有形式的宗教极端主义作斗争。2003年卡萨布兰卡发生恐怖组织爆炸案后，穆罕默德六世再次确认保持对伊斯兰的温和解释，并对引入任何与摩洛哥认同不符的外来宗教加以警告，同时向世界推介摩洛哥的伊斯兰中道思想。值得注意的是，这种伊斯兰教的解释也是对沙特阿拉伯的持伊斯兰宗教激进主义思想的瓦哈比派的一种替代。2015年摩洛哥还出资2000万美元在拉巴特建立了穆罕默德六世研究所为摩洛哥以及世界其他地方培训温和

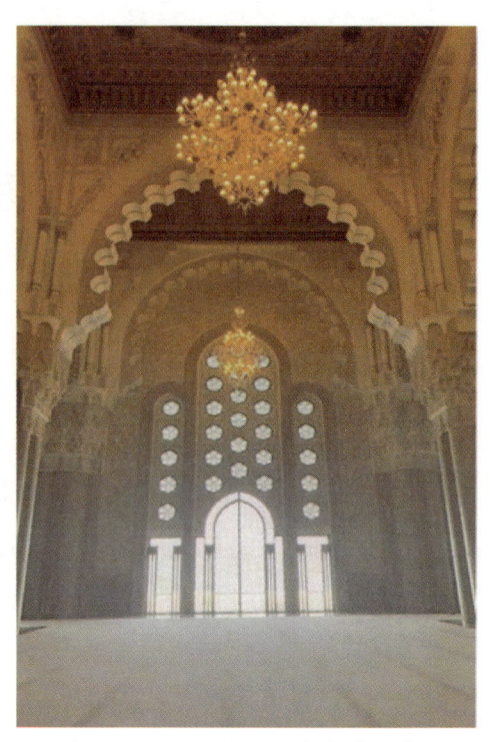

图 5.31　哈桑二世清真寺　　　　　　图 5.32　哈桑二世清真寺内部

的伊玛目和男、女教士。目前除摩洛哥国内的宗教学者外,还有来自尼日利亚、乍得、几内亚、科特迪瓦、突尼斯、法国以及俄罗斯的伊斯兰教士来此深造。其所开设的宗教课程既有古兰经解释、释义、圣训、圣行,以及伊斯兰法(沙里亚),又提供哲学、社会学和心理学等人文科学课程,这些课程因为会激发起批判性思维而受到伊斯兰主义者的极端鄙视。培训期限对于摩洛哥学生只需一年,其他国家来的学生只需两年。而对于法国学生必须学习三年,学习结束后获得学位,成为法国官方的伊玛目。

摩洛哥特别注重与周边国家特别是撒哈拉以南非洲国家的宗教关系,历史上这些地区就与摩洛哥存在着密切的宗教联系。非洲伊斯兰世界的有影响力的苏非教派与摩洛哥关系特别密切。在穆罕默德五世国王被法国人流放在马达加斯加期间,塞内加尔的谢赫伊卜拉欣˙亚斯是少数前往看望他的人。

1985年在塞内加尔和摩洛哥两国最高领导人的见证下,成立了塞内加尔摩洛哥伊玛目联合会,正式确认两国宗教上的联系。为了帮助这些国家抵御伊斯兰激进主义,摩洛哥积极推行摩洛哥特色的伊斯兰外交。马里、几内亚、科特迪瓦等关注宗教暴力的国家也将摩洛哥伊斯兰中道观看作一种解毒剂。2013年摩洛哥与马里签署协定,两年内为马里培训500名伊玛目。除了宗教课程外,培训内容还包括哲学、心理学等社会科学以及诸如缝纫和电子工程职业培训内容。摩洛哥与非洲国家间的宗教协定从

1975—1999 年的 5 个增加到 2012—2017 年间的 36 个。在马里和塞内加尔这样的国家，缺乏像摩洛哥这样的可以对伊玛目进行多样化培训的机构。随着非洲国家对摩洛哥宗教培训要求的增加，2015 年摩洛哥政府也为西非乌拉玛设立了穆罕默德六世基金，让他们交流经验和最佳实践，最终确保"保护穆斯林信仰和非洲人民免受所有暴力倾向影响的精神上的团结"。不同于伊朗和沙特阿拉伯对外宗教活动，摩洛哥对西非的宗教活动并没有受到当地社会的怀疑，当地精英认为摩洛哥与本国的宗教联系是合法的，是历史宗教和文化联系的自然延伸。这种亲近感既来源于摩洛哥国王受到宪法保护的宗教领袖地位，也源于他们是先知穆罕默德直系后裔的身份。摩洛哥的宗教外交活动同时又与双边经济合作形成了有效的良性互动。在将所有非洲穆斯林置于摩洛哥式的伊斯兰的目标下时，摩洛哥在非洲的宗教领导地位被凸显出来。这种背景下卡萨布兰卡哈桑二世清真寺的符号意义不言自明。

沃罗比利斯、菲斯、丹吉尔和卡萨布兰卡这四个城市从四个角度反映了地处地中海、大西洋、非洲和欧洲交点的摩洛哥各个历史时期受到不同文明影响，尽管这些文明的影响不可避免地伴有各种武力征服，然而摩洛哥人却以自己的智慧将各种优秀文明有机地融合在一起，形成自身的文化。正如中国原驻摩洛哥大使程涛先生所说，摩洛哥身在非洲，不像非洲；不是欧洲，近似欧洲；是阿拉伯国家，又不同于其他的阿拉伯国家。有许多看起来好像是对立的东西，在摩洛哥得到了统一。在这里，不同制度、不同宗教、不同文化得到调和、融合或和睦共处，并在保持社会稳定和促进经济的发展中发挥积极作用。科考团在摩洛哥的考察时间是短暂的，收获是满满的，多元文化交融的摩洛哥就像一本书、一幅画，值得你去阅读、去欣赏、去思考。

（四）学术交流活动

科考团在摩洛哥期间积极开展学术交流活动，走访摩方的顶尖科研机构，对话知名学者。团队还拜访了中国驻摩洛哥大使馆，李立大使接见科考团成员，并为同学们做了生动的中摩关系发展与合作前景的报告。

8 月 9 日下午，刚抵达摩洛哥首都拉巴特的科考团即拜访了本次项目的摩方合作机构——非洲亚洲研究中心（The African Center for Asian Studies）。著名学者、研究中心主任 Mostafa 教授和来自拉巴特行政经济学院的 Nagib 教授热情接待了科考团成员，并就摩洛哥的经济发展情况同团员们展开交流。会谈期间，非洲亚洲研究中心的工作人员还为大家准备了摩洛哥传统糕点，让初来摩国的队员们得以一边品味别样的异域美食，一边开展学术交流。

图 5.33　团队在非洲亚洲研究中心同摩方专家交流

    8月10日上午，科考团队在穆斯塔法教授（Prof. Mostafa）的邀请下，来到了摩洛哥国家顶尖智库——新南方政策中心（Policy Center for the New South）新落成的科研大楼进行参观访问。在穆斯塔法教授和伊赫辛博士（Dr. Ihssane）的带领下，科考团队参观了政策研究中心现代化的科研教学设施。参观结束后，穆斯塔法教授和伊赫辛博士为团队举行了一场以经济发展为主题的学术研讨会。伊赫辛博士讲座主题为"非洲国家能学习中国发展模式吗？（Can African Countries Learn from the Chinese Development Model?）"。她指出，中国过去40年的经济发展引起了全球范围内的广泛关注。基于购买力评价的GDP占世界比例愈发增加，这得益于中国的农业发展、乡镇企业与私有企业的发展。中国从农业出口国到农工并重发展的转变、精准扶贫、农村地区的发展与中国世界影响力的增大，不断降低了中国社会的贫困发生率。在非洲国家对中国政策的借鉴问题上她认为，扶贫政策、长期规划、中产阶级培养、交通设施建设、农产品附加值增加、经济特区政策则是值得非洲国家学习的。中国的"一带一路"倡议给非洲国家的发展提供了重要的机遇，中国的模式不可复制，但发展经验值得非洲国家学习。

    随后，穆斯塔法教授围绕"'一带一路'背景下中摩合作的挑战与机遇"（China's

"One Belt, One Road" Initiative: Current Challenges and Opportunities for China Morocco Cooperation）主题向团队介绍了这项他正在进行中的研究。穆斯塔法教授指出，中摩交流需要在两个层面上进行：国家层面与公民层面。摩洛哥人整体而言对于中国人的看法是一个动态的过程，从一开始的消极抵制态度逐渐变为积极开放态度。摩洛哥希望在与中国的合作中保持自身的独立性，促进彼此的经济合作与文化交流。

讲座结束后，科考团队的老师与同学们积极提问，针对讲座中的问题与两位学者进行了深入探讨。郭未副教授与穆斯塔法教授就中国在非洲发展中动态变化的角色与影响进行了交流；同学们针对讲座中所涉及的摩洛哥农业现代化水平、土地政策、经济发展与教育的关系等问题向专家学者提问，并得到了很好的答复。

图 5.34　团队参加新南方政策中心举办的研讨会

8月12日上午，中国驻摩洛哥王国大使馆李立大使在官邸亲切接见了科考团。李立大使对科考团的到来表示热烈的欢迎，并就摩洛哥发展的基本情况及中摩经济合作的过去、现在与未来等科考团关心的问题向大家做了一一介绍。

李立大使首先回顾了中摩外交关系的发展历程，他指出，1958年中摩两国正式建交，老一辈领导人凝结了深厚的友谊，两国关系持续稳步发展。2016年，对中国免签政策出台以后，摩洛哥已经成为中国人的"网红旅游地"，赴摩人数从2015年的5000

人增加到2018年的近20万人。双方的文化交往和经济合作也在不断加深。大使还就摩洛哥经济发展的不足以及优势进行了详细的阐述。他最后指出，国内学术界需要对摩洛哥开展更为细致和系统性的研究，并提出了三个可能的研究方向供科考团老师和同学们思考。最后，同学们就感兴趣的问题同李立大使进行了交流。

图5.35 科考团受邀参访中国驻摩洛哥王国大使馆并受到李立大使的亲切会见

12日下午，科考团受邀来到穆斯塔法教授位于拉巴特郊区的家中，当日正值摩洛哥古尔邦节，同学们在教授家中体会到了别样的节日氛围。期间，纳吉布教授（Prof. Najib）为同学们现场授课，围绕"摩洛哥初印象"这一主题与同学们展开了深入的讨论。教授用同学们描述摩洛哥的关键词"clean""multi-linguistic""colorful"，为大家阐述了摩洛哥的历史变迁、宗教融合、文化包容和经济发展的基本情况。这样生动活泼的教学方式给同学们留下了深刻的印象。

8月15日，科考团队到达了摩洛哥新兴大学——穆罕默德六世理工大学进行访问。并在双创中心就大学的科研成果向社会的转化等议题与穆罕默德六世理工大学同仁进行了交流。

随后同学们在学校的学术报告厅听取了人文社科学院Mohamed Moussaoui教授关于摩洛哥社会经济发展的主题讲座。Moussaoui教授分别从摩洛哥的社会经济发展简史、经济发展指标测量以及摩洛哥主要发展产业等几个方面做了详细介绍。他指出，摩洛哥这样一个以农业旅游业和服务业为主的国家，在进出口贸易方面发挥着不可磨灭的作用，同时介绍了中国对于摩洛哥的贡献也有着不可替代的作用。讲座结束后同学与老师们就摩洛哥在经济发展过程中对于社会民生问题的关注以及其采取的一些具体政策措施与 Moussaoui 教授进行了深入的交流。最后科考团给教授赠送了礼物，希望双方以后会有更多的机会一起研究非洲，一起研究摩洛哥。

图 5.36　团队参访穆罕默德六世理工大学并与专家学者进行交流

8月16日，科考团队参观了融合"Desert"和"Design"的马约尔花园（Jardin Majorelle），其因第二任主人伊夫·圣·洛朗（Yves Saint-Laurent）而极负盛名："马约尔花园仿佛是我取之不尽的精神源泉，我甚至常常在梦中见到那些独一无二的色彩。——伊夫·圣·洛朗"。

陶醉于大胆艳丽的色彩、种类丰富的植物之余，我们对于艺术价值有了更为深入的思考。沙漠给予灵感，沙漠之旅往往就是创作之旅。在马拉喀什有很多壮景，不仅有色彩的壮景，更是有观点、概念的壮景。随着物质生活的丰富，人们开始追求符号和概念，注重实物价值的生产社会逐渐向消费社会转变。比如，伊夫·圣·洛朗的一件衣服，可能它本身的价值只有500元，而一旦有了那三个字母，售价可能就变成了5000元。但是过度关注其符号意义，容易使消费观念走向误区，因此我们发现，现在的一些人文学者越来越强调返璞归真。

图 5.37　马约尔花园

8月19日，科考团结束对摩洛哥的科考活动回到祖国。同学们各自围绕在老师指导下所选的研究主题，结合考察内容和科考日志，即刻动手整理实践成果，撰写研究报告。团队希望科考成果能助力新时代的中非合作，为构筑中非命运共同体添砖加瓦。

第二篇

"纸上得来终觉浅，野外科考不仅使我们在实践中将所学知识加以理解和应用，更锻炼了我们面对陌生的地理景观时独立观察和思考的能力，我会把这种思路和方式融于往后对科学问题的研究中。感谢国际科考，让我对科学方法和思路初窥门径。"

——《学问之道在于勤思善问》环境学院 张占鳌

第六章
成果与收获

　　南京大学国际科研训练项目坚持以科研为导向，切实提升学员科学素养与科研技能，培养团队合作精神与吃苦耐劳品质。"中美"项目团队历时11天完成1600千米行程，高差近4000米。在4条路线上完成了地表过程的立体观测和数据采集。"贝加尔湖"项目团队在为期16天的科考过程中，对6条陆上与湖上科考路线的20多个观测点进行地质、地理、生物、气象、环境、旅游资源等综合考察，解读贝加尔湖的"前世今生"。"中非"项目团队追踪摩洛哥文明发展足迹，深入沃罗比利斯、菲斯、丹吉尔和卡萨布兰卡，探寻非洲地区文明融合的"密码"与解锁未来发展的"钥匙"。

　　回国并不是国际科研训练项目的结束，而是一个全新的开始。同学们基于辛勤获取的科考成果，开展深入研究，取得了丰硕成果。"贝加尔湖"项目学员在中俄双方导师的指导下完成了5篇学术论文，并在俄方组织的国际会议中进行了专题展示，取得显著的合作成效。"中美"项目师生连续发布9篇英文博客，字斟句酌，对考察地区进行系统介绍，用严谨的态度展现出学术风采。

一、印证课堂书本所学知识，锻炼野外考察所需能力

　　综合野外实习是地理科学本科专业重要的教学内容和环节，是理论联系实际、强化技能和能力培养的重要途径。依靠课堂教学，对于掌握基础理论知识、熟识地理现象及地质构造、了解背后成因是足够的，但面对新时代地理学拔尖创新人才培养目标，地理科学作为一门实践性很强的学科，亟须通过野外考察训练夯实学生专业认知能力，锻炼学生基本野外技能，提升学生地理学知识融合能力，从而更好地从学习知识转变为创造知识，培养科学精神和创新精神。

　　野外考察工作主要包括地质踏勘、实测剖面、地质填图等，其中地质踏勘的目的是了解测区各个地质体的主要特征、展布、接触关系、构造特征等基本地质情况，为选择实测地质剖面、统一岩石地层填图单元的划分方案提供合理依据。在一次次野外考察中，不断将书本知识转化为自己的，同时也可针对自己的"质疑"进行实体化实验，锻炼自己的科研能力，培养自己的科研兴趣。

通过国际科考，见识异于国内的独特地理现象，更有助于直观地理解相关知识、拓宽视野，这是在国内、在教室、在课堂上，面对书本和图片所难以实现的。地学的"野外法则"即观察与记录，每一个地质结果的得出都是建立在对地质现象的仔细观察与认真记录之下。例如中加落基山科考中的实习踏勘整体观察、记录了从志留系到侏罗系各地层的岩性、化石特征、构造现象等并测量地层产状，对其先总体有了宏观认识；随后在实测剖面中分别采用了直线法和测线法，实测出石炭系 Banff 组 –Rundle 群、白垩系 Blairmore 群两条剖面；地质填图阶段是此次实习的重头戏，学生们通过选择一定的路线和地质点进行系统的野外考察、描述记录、研究，在野外观察实测的基础上，经过室内的整理和合理推断，实现由点到线、再由线到面地完成地面地质调查；最后，第四系沉积环境填图是结合野外观察到的沉积物特征，在野外的卫星图上进行标注，再到室内根据等高线进行判断，描绘出地表沉积物沉积区域和地形地貌特征的工作，对于了解地区资源情况、预防地质灾害的发生具有重要意义。

二、注重学科间交叉融合，培养地理学国际视野

地理学是"探索自然规律，昭示人文精华"的一门学科，具有综合性、交叉性特点。新形势下，地理学立足于服务国内重大需求和国际全球战略等前沿问题，不仅需要通过同其他学科之间交叉融合从而发展创新，更需要不断培养具有"跨学科视野、批判性思维、合作精神"的综合创新地理学拔尖人才。

南京大学地理学国际科考不仅实现从自然地理单一学科到地理学全学科覆盖的深度融合，以此提升学生的知识融合能力；同时集合了地球科学、气象、生态、社会、文化、语言、历史、经济等多学科，完成了各学科间的综合交叉，锻炼了学生的综合创新能力。"此次国际科考，不仅仅是对科学问题的研究，更是一种文化、技术交叉融合的载体。"中美科考项目陈同学如是说。中非科考项目中也有同学表示"围绕着摩洛哥的地理环境、社会经济发展等议题，不同学科有着不同的思考角度和解决思路，各学科知识与思维相互碰撞，着实拓宽了我的知识面，让我得以了解一些未曾涉及的领域"。团队老师通过跨学科的方式，积极引导不同学科间的思想交流，锻炼并提高了学生们发现问题、思考问题、解决问题的科学素养。

不同学科的交叉、渗透、融合对于科学发展特别是学科创新发挥着越来越大的作用，同时随着资源环境等全球变化的需求，要求地理科学需要与生态学、经济学、物理学、历史学等结合起来，更要具备全球视野。此次国际科考通过切身学习，观察国外科考地的历史、文化、社会经济等方面，增加了学生与国际的接触和对国际地学发展的了解，对于有志于地理学基础前沿研究、具备发展潜力的学生日后的学科训练和学术研究国际化起到积极引导作用。

三、认真完善科考成果，潜心孵化后续科研

一段难忘的国外科考之行就此结束，但其所带来的影响绝不止于此。各科考项目集体共同完成国际科考实施总结报告后，学生们表示这不足以表达他们的收获与成长。国际科考项目各有千秋，不同科考项目有着各具特色的规划与成果呈现方式，共通的是那份潜心科研的坚定与恒心。

中俄国际科考项目团队自 3 月 23 日起，一直运行着贝湖科训项目微信公众号，至 10 月 11 日共计发表推文 117 篇，内容囊括出发前期准备、一线记录与科考纪实、科考感想、飞越计划、校际交流等板块。值得一提的是，8 月下旬，贝湖科训项目团队在贝湖小海营地的合影登上了校网站的首页；科考纪实"贝加尔湖畔的赞歌" 8 月 21 日在南大官微推出，9 月 21 日、22 日团队常丰年、张占鳌同学的后记在南大官微转载推出，后续科考团队师生的科考感想已编辑形成《寻找散落在贝加尔湖畔的记忆——贝加尔湖科考后记》。同时，为更好地宣传与招生，贝湖科考团队也已完成"我和我的祖国"贝加尔湖畔演绎版的视频编辑，以及校招办需要的"飞越计划"中学生"贝加尔湖畔"的视频编辑工作及 1 分钟贝湖科训项目宣传版。科考报告和宣传工作稍告一段落后，同学们便继续科研成果的输出，先是在前期工作基础上，进一步完善了《贝加尔湖科考常用英文词汇》，同时俄方教师指导团队也主动进行相应俄文的翻译补充工作；其后是基于野外科考成果，形成了 9 个项目阶段研究报告与科考报告，同时，主要项目的研究工作也一直在推进；在此基础上形成的详细英文摘要 9 篇（含 2018 年贝湖科训项目团队后续创新训练项目的 2 篇成果论文）发往俄方后，参加了 2019 年 11 月由伊理工大组织召开的 2019 Ignoshin 国际会议。

图 6.1　团队科考报告汇总

中非国际科考团队在项目伊始，带队老师便给团队学生制定了调研目的和计划，要求每位同学根据自己所学专业，结合实际调研情况，围绕摩洛哥的社会经济发展现状撰写科考报告。每位同学在四位带队老师的指导下，通过确定主题、制订计划、收集资料、实地调研等过程，于回国后开始撰写报告，并于10月底完成修改后上交汇总。现共计收到调研报告10份、调研日志10份，内容涉及摩洛哥自然环境、产业与经济发展、语言文学与社会文化等领域（表6-1）。

表6-1　团队调研报告题目汇总

姓名	院系	报告题目
陈雨璐	地理与海洋科学学院	探寻菲斯老城被评为世界遗产地的原因及影响
高逸轩	外国语学院	灵活多元，左右逢源：小国的"均势外交"——从地缘与均势角度浅谈摩洛哥外交政策
耿铭含	社会学院	浅析摩洛哥的工业与中摩工业合作
何倩雯	环境学院	经济快速发展中摩洛哥的贫富差距变化
李杜子添	大气科学学院	摩洛哥主要城市旱涝特征分析及其趋势预测
李嘉懿	地理与海洋科学学院	摩洛哥旅游资源及其开发
李珊珊	外国语学院	摩洛哥的语言规划：向多元化转变之路
于俊岚	地理与海洋科学学院	摩洛哥农业发展现状和问题初探
扎边	地理与海洋科学学院	当代摩洛哥女性社会地位影响因素研究
张永康	地理与海洋科学学院	浅谈摩洛哥城市化进程中出现的问题

不少同学在他们的文章中写道："国际科考活动虽然结束了，但是科研工作才刚刚开始，我们永远在路上。"各国际科考项目也一直鼓励组织学生们申报创新训练项目，推进科研训练项目的深入进行，以期能够不断突破和创新。华为事件提醒着我们：科学没有驿站，创新没有终点，只有不断在路上奔跑，才能保持永远领先。

四、收获跨国校际情谊，促进两国交流合作

南京大学国际科考项目在推动南大师生感受国外地理异域风情的同时，也增进了国外合作单位对于中国以及南京大学的了解，更好地促进国际交流，提升学生跨文化交流的能力。

中非国际科考项目在摩方合作伙伴的安排下，对摩洛哥非洲亚洲研究中心、新南方研究中心、穆罕默德六世理工大学进行了参访，举办讲座四场。南京大学非洲研究

所与摩洛哥科研机构建立了良好的合作交流机制，并同摩方顶尖智库新南方研究中心签订了合作备忘录，为后续的合作研究奠定了良好的基础。在摩洛哥参访期间，科考团还受到中国政府驻摩洛哥大使馆邀请，李立大使亲切会见科考团成员，感谢南京大学为促进中摩两国交流所做的贡献。并且，带队老师回国以后受到了大使馆的邀请和全额资助，于9月份再次赴摩洛哥参加学术交流活动。

2019年的中俄贝湖科考结束后，伊尔库茨克国立理工大学首次派出12名本科生与1位带队教师的科考团队，于9月7日—20日来访南京大学，围绕"内外动力作用与人类活动的影响"这一主题，顺利进行了南京周边及长江三角洲地区地学科考活动。伊理工大将此科考列为一门通识课程（地球科学与地表过程）。俄方12名本科生来自地质学、水文地质、地球物理、石油钻探、采矿、宝石学等6个专业，每个专业各选派2名学生，由珠宝设计与技术教研室年轻的女教师Alena Voitiuk博士带队。14天的科考活动由南京地区6天（包括抵达与离开2天）与长三角地区8天活动组成，包含我校在汤湖山地区的地学实践基地（涵盖六合的火山与苏州的火成岩）、黄山花岗岩山地与齐云山红砂岩丹霞地貌、长江河口段河流地貌、钱塘江干流地貌与河口海岸地貌及涌潮、宜兴善卷洞喀斯特地貌等，以及汤山直立人、南京古城、镇江西津渡古码头、太湖站等人类活动重要遗迹与科研站，立足南京大学地学基地，充分体现长江三角洲地区的自然过程与人类活动的特点。科考活动给俄方同学留下了深刻的印象，相关活动报道与俄方部分学生的感想也已在贝湖科训项目微信公众号推出。并且团队中3名俄方学生计划申请到南京大学留学，攻读硕士学位。

图 6.2 伊理工大长三角科考团师生在杜厦图书馆前与出席开幕式的校院领导合影

第三篇

"昨日我离国千里，辗转异国山水，叹高山巍巍、湖水澄澄，十数日弹指一挥，晴空伴我归故地，是为归去、来兮。"

——《归去 来兮》地球科学与工程学院 刘 筱

第七章
心得与体会

　　国际交流是国际科研训练项目的内核,有助于加深学生对地域多样性的理解,提升跨文化交流的能力。中外师生在项目中并肩奋斗,建立了深厚友谊。"贝加尔湖"项目开展篝火晚会等活动进行组织建设。在遭遇突发情况时,中俄教师勠力同心保障学生安全,确保了科考顺利进行。"中美"项目学员在考察之余,用生动活泼的笔触记录下中美文化差异,并通过公众号推送。中国驻摩洛哥王国大使李立会见了"非洲"项目团队师生,为学员上了难忘的一课。

　　读万卷书不如行万里路。其实,读万卷书和行万里路缺一不可。这一点,对于经历过国际科考的师生,体会尤其深刻。如果不是出境前参加过各种科学报告会和专题讲座,如果不是根据听来的、看来的大量信息提炼出科考设想,并用它指导后来的实地调查,也不可能在短短的十几天内获取那么多有用的第一手资料。当然,如果在境外的那些夜晚,大家不是挑灯夜战整理当天的所得,再写出科考日志,怎么可能在回校后短短的一个月内汇编出这本用来指导进一步科研的科考报告。

一、科考训练,学生走向科研道路的起步

　　南京大学开展本科生国际科考与科研训练项目,旨在帮助同学们从这个世界瞩目的自然科学天然博物馆中收获学科方面的知识,更希望他们能收获各国科学家严谨的科学作风和方法,激发他们对大自然的热爱和探索自然奥秘的激情,这将是其一生受用的收获。

　　以南京大学连续开展四年成绩斐然的贝湖科考为例,南京大学的持续投入、俄罗斯伊尔库茨克国立理工大学的全力支持和全体中俄老师的执着拼搏,已成就了一批批从贝加尔湖走出来的科学家,正像涂建宇同学在《归来》一文中写到洛芭茨卡娅院士对大家的希望:"十年后,你们中的一些人将成为伟大的地质学家。"其实,参加第一期(2006—2009年)贝加尔湖科考的127名同学中,已经有一些人成为科学家了,当然这主要是他们不懈努力的结果,但同贝加尔湖畔科考与科研的第一次亲密接触,却是他们迈进科学殿堂的第一步。

不少同学表示通过此次国际科考不仅学习到了许多其他专业的知识，丰富了自己的知识体系，更是充分体会到了交叉学科的魅力和重要性。同时，作为一名中国双一流大学的学生，在国外感受到了不同教育模式以及科学思维的差异，对其今后的科研学习生活有很大益处。

"给我感受最深的，还是在野外过程中学到的地质工作的'道'。"一位参加中加落基山脉大地学国际科考的同学谈及此次国际科考的收获时如此表示，"地质是源自热爱的，心底对自然的喜爱驱动着地质人深入自然探索自然，能够在野外时刻保持笑容；地质又是严肃认真的，虽说地质学有很大程度是描述性的，但野外工作与记录方法必须一丝不苟，每一个推论都要反复寻找证据验证；地质还是充满交互性的，不论是野外的合作，还是野外地质调查工作本身的意义，都包含了人与人之间的交流，所有表达与记录都要清晰易懂、有根可循。"

图 7.1　野外测量水温　　　　　　　图 7.2　理想山洞（喀斯特洞穴）探险

图 7.3　奥利洪断裂露头　　　　　　图 7.4　滨奥利洪高原

在科考报告的心得与体会中，许多同学都不经意间流露出对老师们在他们迈向科学研究第一步的时候伸出的搀扶之手的感激。一位参加中美科考项目的同学在报告中阐述道："郑光老师的一句话令我很有感触，他说我们并不是为了运行一个模型或者为了写一篇文章而科研，首先要明白令我们感兴趣的是什么，然后做的研究确实是有意义的。十天一晃而过，科考的脚印早已封存在那十天，可这不是终点，而是科研之梦的起点。"

二、综合科考，跨学科知识融通的关键

南京大学地理与海洋科学学院的本科生国际科考与科研训练项目在选拔学员时全校公开招募，更大范围推动了学科交叉，不仅在语言支持、宣传报道方面大大加强，同时亦推动了新项目的进行。

一位参与中非国际科考的地理与海洋科学学院同学表示："摩洛哥研学之旅，可能是大学四年最美好的回忆。作为科考团唯一一位地理信息科学的同学，往日只会用地图投影和拓扑计算解决问题的我，学科碰撞在我心里留下的轨迹深深地影响着我。自然地理方面：加纳利寒流影响下的摩洛哥北部港口城市丹吉尔是夏日避暑的圣地；地处北非摩洛哥与阿尔及利亚境内的阿特拉斯山脉，连绵千里，连接阿加迪尔与马拉喀什；断层构造，褶皱构造规模宏大，蔚为壮观；褶皱构造不同位置的地层产状差异巨大；与中国梯田截然不同的坡田；随着海拔变化土壤、植被分布的变化；公路旁成片的橄榄树和仙人掌；新生代红层发育，有大型化石，风化剥蚀强烈，是摩洛哥阿特拉斯山脉谷地以及平原土壤发育的主要母质基础；水资源丰富、森林覆盖度高的阿特拉斯山脉是摩洛哥发展的重要资源环境基础。人文地理方面：菲斯，世界文化遗产地，世界不同区域文明交融的摩洛哥王城，旧城与新城，历史与现代，聆听摩洛哥历史教授的现场讲解，感受千年之沧桑巨变；丹吉尔坐拥直布罗陀海峡，是连接欧洲与非洲最近的地方，一边是地中海，一边是大西洋。千百年来这里是战略要地，也是摩洛哥重要的港口城市，曾是欧洲列强时代十多个国家共管的丹吉尔。五城市综合考察下，城市规划深刻影响着城市结构和城市功能分区，再对比城市规划格局宏大的北京、东京，颇有一番感触。"

南京大学国际科考不仅促进了院内专业交叉融合，更推动着跨院系的综合学习。一位2017级大气科学学院的中美国际科考队成员在科考感想中写道："作为唯一一位大气科学学院的学生，我一开始还在问自己：这个科考跟大气的关系到底在哪里呢？终于在科考途中我找到了答案，这次科考其实并不是某一两个学科的专场，而是把地球系统联系了起来。在火山的考察中，我们从地质的角度去思考成因以及构造，从影

响的角度思考对生态的影响以及与人类活动联系起来,而且也能从热量通量以及物质通量的角度思考与大气的相互作用(例如火山灰影响大气成分以及辐射平衡)。在湿地的考察中,我们讨论了湿地对森林生态系统的调节作用,运用雷达扫描了微地形对湿地的影响的数据,并且我们还能想到湿地作为全球最大的碳库,不可避免对全球气候变化有着不可忽视的作用。虽然科考只有十天,但是对我们的启发却是无法衡量的,十天的时间更多的不仅是知识上的获取,而是思想的提升,让我们懂得发掘一个问题并且从多学科的角度去思考,使我受益匪浅!"

图 7.5　遗迹化石指示顶底

三、科考活动,学生增强团队意识的契机

科考,让这些不熟悉的同学之间、同学与国外老师之间、原本生疏的同学与中方老师之间,逐渐磨合、凝聚,成为一个难以分割的团体。以小团队的形式参与科考任务,在困难中相互扶持,在疲惫时相互打气,在探讨时思维碰撞,在胜利时相互赞赏,更是进一步增进了成员之间的情谊,增强了学生们的团队意识和合作精神。

2019 年贝湖科考师生们的科考感受已编辑成《寻找散落在贝加尔湖畔的记忆——贝加尔湖科考后记》。同学们在整个科考期间表现出来的团结与坚强已经在这本文集中得到一些体现。蒲同学在她的《山水一程,三生有幸》中尽情回忆了在贝湖科考期间团队的合作精神,她笔下的团队已经把俄方老师也包括进去了。方同学在他的《没有人是一座孤岛》中,从孤零零的巴拉克欣岛与小海地堑的相互依存悟出了人与人之间相互帮助的重要性。胡同学在她的《难忘的贝加尔湖》中记录了当队友受伤时,包括安德烈和维克多两位俄罗斯老师在内的全体队员对伤员的各种帮助,唱出一曲人间的温暖之歌。

第一次以团队形式参与科研任务的中美科考团队成员涂同学在其中体会到了团结的力量以及互相支持的温暖:"在科考期间,我也有幸与王老师、金老师相识,最重要的还有我们科考团的其他10位同学,我真心觉得这是一个所向披靡的团队。大家每日十分辛苦,但还是出色地完成了领导布置的多项任务,我感到十分骄傲。那些日子里,车上、林间,总是充满着欢声笑语,仿佛再苦的路,也一定能够走下来一般——十二天的科考,就匆匆地这样结束了,我甚至都来不及感伤。记忆中他们的笑脸,却深深刻在我的心中。"

科考活动的成功,不仅有中外两个学校的支持,有国家和社会的关注,更得益于一个给力的战斗集体。几乎每个男同学在科考期间都表现出绅士风度,每次转移、装卸行李、搬箱子,重活脏活都被绅士们承担了;几乎所有的事务性工作:组织学习、宣传推送、后勤保障都被父母心中的"公主"们包圆了。最感人的是,在网络信号质量极差的贝加尔湖畔,为了赶在零点之前把当天的活动报道推送出去,宣传组的姑娘们和男生一样,在暗夜中深一脚浅一脚地满山遍野找信号。

图 7.6 中美科考项目小分队合影

四、国际科考,两国人民友谊的深化与传承

走出国门,科考团队的每个人都关乎两国的建交。此次国际科考的要求不只是完成科考任务,更要充当两国人民友谊的使者。

"今年是中华人民共和国成立70周年,也是中俄建交70周年,大家到贝加尔湖不仅仅是完成科考计划,还要肩负起传递俄中友谊的重任。"这是伊理工大萨夫金副校长对贝湖科考全体成员的希望,也是中国驻伊尔库茨克总领事馆对贝湖科考全体成员的要求。在繁忙的科考活动中，同学们几乎没有多余的时间欣赏贝加尔湖美景，他们利用科考间隙去了解俄罗斯社会，和俄罗斯人民交朋友。在伊尔库茨克科学院宾馆，在贝加尔湖畔科考营地，所有的工作人员都成了成员们的好朋友。科考团队离开科考营地的时候，所有的工作人员都来和大家惜别，互留微信，一起合影，将中俄人民的友谊和贝加尔湖雕刻在一起。

图 7.7　与贝加尔湖畔营地的工作人员合影

在俄罗斯的那些日子里，科考团队深深体会到俄罗斯人民的热情、豁达和友好。朱国荣教授在去年的《科考后记》中写了一篇《为俄罗斯人民点赞》的文章，其中列举了几个反映中俄友谊的感人故事。文章里面描述了一个不顾寒冷潜入 10℃湖水中为团队学生打捞手机的水手，同时还写了一个丢下手头的活为科考团队带路的店员。在今年访问俄罗斯社会的活动中，我们所到之处，同样感受到俄罗斯人民的友谊，特别是受到俄罗斯人民的热情拥抱。

中非科考团队李同学在科考感想中写到令她印象最深的就有 12 日晚上在拉巴特的城市中心的一次："队员们在立交桥下等红绿灯，马路上的车辆和行人都注意到了我们这些整齐着装的东亚面孔，他们，尤其是与我们相似的青少年，纷纷向我们呼喊、向我们挥手，有两个女孩走过来和我们一一握手，有一辆公交车上的人都探出了头。而我们也站在路边，向他们回喊那一句刚刚学的阿拉伯语节日快乐。仅仅这种打招呼一样的交流也让我开始看到两国人民的相通之处，我不由自主地想要对他们介绍居住在大陆极东的我们，让他们也了解我们之间的相似。而这一点，正是中国人走近非洲、走进非洲的方向和目的。"

五、异国他乡，祖国始终在身后守护

"张晓东领事在开营仪式上说了一句话：'服务好每一个到这里的中国公民是我们的职责。'这句话留给我们的感受异常深刻，没有出过境的人是体会不到的，这是祖国赋予他们的使命，也是一个强大的祖国给每一个身在境外的中国公民的温暖和底气。"朱国荣教授在《致敬中国驻伊尔库茨克总领事馆》中表达了贝湖科考团队对他们的敬意。是因为有了他们，科考团队才更深刻体会到毛泽东主席于1949年10月1日在天安门城楼上喊出的"中国人民站起来了！"。

南京大学国际化人才培养战略得到社会各界的高度认可，从2018年开始，中国驻伊尔库茨克总领事馆除了应俄罗斯伊尔库茨克国立理工大学的邀请出席南京大学贝湖科考的开营仪式外，在科考期间也主动关心南大团队的一切。热心的问候和温馨的关照，令团队成员百感交集。一个身居异国他乡的人，总会情不自禁地把使领馆的关心当成祖国对自己的呵护。

十余年前，朱国荣教授初次带队到贝加尔湖进行综合科考时，便形成了每天早饭前举行升国旗仪式的习惯。身处异国他乡，面对象征祖国的五星红旗，和着共和国的脉搏歌唱祖国，怎么可能不让人泪奔呢！一百多年前，中国贫穷弱小，受尽列强的蹂躏，连高昂头颅做人都很难，哪有可能像今天这样组织大规模的本科生出国科考，在别国领土上面对国旗高唱国歌。贝湖科考团的这一举动得到了学校的肯定，和其长期合作的伊尔库茨克国立理工大学的洛芭茨卡娅院士与她的伙伴们也称赞科考团成员们具有强烈的爱国情怀。

2019年首次立项的中美科考团全体师生站在太平洋的岸边，一边观察着周围的地质地貌，一边又被那壮丽的景象所震撼。海是如此的能够洗刷人心灵，海纳百川，有容乃大。当夕阳的最后一缕光辉洒在海面上时，这一幕就如同无数个梦里面能够梦见的场景一样，真实而又如此的美轮美奂。当大家带着骄傲又自豪的口吻，面朝着大海，迎着耀日，对着彼岸的祖国，迎着飘扬的五星红旗深情地喊出"早上好，中国"的时候，那是何等的激动啊！

是啊！只有祖国强大，才有更多的同学们得以进行国际科考，在外互帮互助，心系祖国，所有科考团成员无论身在何方都想表达对祖国的赤诚感情！

图 7.8 两位中学生在贝湖科考营地升旗

图 7.9 科考团全体成员与夕阳

六、未来的希望

南京大学作为中国久负盛名的科学殿堂，建校伊始便以科学名世。为了促进全社会对我们生活的地球的了解，激发广大中学生进行科学探索的兴趣，南京大学启动了"飞越计划"，在众多的国际科考与科研训练活动中，邀请中学生同行，培养其科学素养，加深其对南京大学的了解。

"飞越计划"有效实施，入选的中学生们不仅积极全程参与了野外科考，同时主动参加了行前集训及科研训练项目。他们认真而有激情，充满了好奇心和求知欲，给科考团的每个人留下了深刻的印象，亦受到中外两方老师的喜爱。

2019 年的贝加尔湖科考团有两位飞越营员，他们分别是来自武汉六中的游南嘉和来自厦门双十中学的李仲雯。科考期间,她们不仅要同时完成科考任务和暑假作业,还有临时下达的拍摄《贝加尔湖畔》MV 任务,比一般的队员更累。游南嘉在她的《贝加尔湖早安》中写道:"今天我和李仲雯被安排担任首任升旗手,由于没有旗杆,我们俩举着五星红旗,全体师生立正在国旗前面,随着蓝牙音箱发出来的国歌音乐齐唱国歌。我的心灵在此刻得到洗礼。"她的感受反映出炙热的爱国情怀。李仲雯同学在她的《聆听宇宙唱歌》中写道:"我特别感谢南京大学和俄罗斯伊尔库茨克国立理工大学的教授们,学长学姐们,还有我亲爱的小伙伴。因为缺少了一块的拼图永远是不完整的,而丢失了一角的斑驳记忆则不完美。"我感觉到她确实很珍惜这次机会,写得非常用心。回国后我去厦门双十中学做讲座时顺便看望她,她告诉我,她参加科考回来感到比以前更自信。

入选 2019 年中非科考项目的是湖北夷陵中学的颜雨涵同学,她在科考感受中写道:"我多么庆幸自己参与了如此有趣的征程,我曾一路埋头走着自己的人生轨迹,这一刻却惊喜地与一群人有了交汇,他们熠熠生辉让我忍不住想要努力接近,考察途中结识的朋友,兴许再难相遇,但这段记忆一定会成为我余下漫长而单一的高中生活里支持我不断向前的力量!承蒙关照,也感谢遇见。"

图 7.10 两位中学生听维克多老师介绍贝加尔湖的动物世界

后记

  不参加国际科考，不知道科考路途的艰辛。十几日的科考，师生们跨越了超过一万千米的路程，用自己的双脚丈量，头上烈日暴晒，耳边蚊蝇嗡嗡，汗水湿透衣裳，荆棘扯破裤脚。每天回到营地吃过晚饭，已经临近子夜。但是师生们并不能马上休息，而是铺开记录本和地图，用心编写当天的心得。因此，科考报告不仅是用手写出来的，其实更是用脚用心一起写出来的。

  旅途也是有艺术气息的。科考中，师生们会同唱一首歌，大家偶尔还会背起诗："飞来山上千寻塔，闻说鸡鸣见日升。不畏浮云遮望眼，自缘身在最高层。"

  有一天，当科考团成员从一条没有路的新路下山后，有人写下这样一首诗：

彼时茕茕望陆北，今日畏畏走海东。
山漫相卧不养树，云低轻走似随风。
攀石争上意犹慢，破林而下心已空。
收袖折枝体渐倦，却记夜梦影稀松。

"学无涯，行无疆，思无界。愿国际科研训练项目为年轻的地理学子提供一部值得用心阅读的无尽之书、一片可以自由翱翔的广阔天地，为古老的地理学培养出能够与未来对话的践行者，引领者，思想者！"